职业教育公共基础课课程改革创新教材
职业院校创新素质教育系列教材

人文素养

主　编　魏国权　李贞惠
副主编　李　彦　廖燕萍　杨淑华　向　泉　罗永毅
参　编　谭芳祥　刘亚玲　陈　琼　何永香　廖明会　潘中华
主　审　赵建国

机械工业出版社

本书内容共 12 个单元,每个单元包括经典文化、学习活动和学习拓展 3 个模块。

本书遵循中等职业学校德育大纲的要求编写,从对学生的现实教育出发,注重以文化人,根据学生的身心特点,采取体验式的教育模式,运用人文方法,将德育人文化、行动化。做到理论和实践相结合,达到知行合一的目的,最终实现"立德树人,德才并重"的育人目标。本书编排结构循序渐进,由浅入深,文字简洁,具有内容丰富、形式新颖、实用性强、学时恰当等特点。在教学中可采取主题式教学,有很强的可操作性和拓展性。

为帮助激发读者的学习兴趣,提高学习效率。本书在"活动体验"部分以图片、影像、音乐和游戏等方式丰富了活动内容,每个单元设计了力行评价表,能有效地检验学生的学习成果。本书还配备了教学电子课件,以便教师教学参考。

本书可供中等职业学校或技工学校的学生作为素质公共课教材使用,也可作为相关职业培训的通用教材。

图书在版编目(CIP)数据

人文素养/魏国权,李贞惠主编. —北京:机械工业出版社,2018.3 (2023.8 重印)

ISBN 978-7-111-59164-1

Ⅰ.①人… Ⅱ.①魏… ②李… Ⅲ.①文化修养—职业教育—教材 Ⅳ.①G0

中国版本图书馆 CIP 数据核字(2018)第 059697 号

机械工业出版社(北京市百万庄大街 22 号 邮政编码 100037)
策划编辑:李 兴 责任编辑:李 兴
封面设计:路恩中 责任校对:李 丹
责任印制:常天培
北京机工印刷厂有限公司印刷
2023 年 8 月第 1 版第 5 次印刷
184mm×260mm·15.25 印张·356 千字
标准书号:ISBN 978-7-111-59164-1
定价:45.00 元

电话服务　　　　　　　　　　网络服务
客服电话:010-88361066　　机 工 官 网:www.cmpbook.com
　　　　　010-88379833　　机 工 官 博:weibo.com/cmp1952
　　　　　010-68326294　　金 书 网:www.golden-book.com
封底无防伪标均为盗版　机工教育服务网:www.cmpedu.com

Preface

随着社会经济的迅猛发展，多元文化已渗入社会的各个方面，人们的价值观和思想认识发生了巨大的改变，受教育者的自我意识、自主意识在不断增强。在这种特定的历史时期和背景下，作为教育主阵地的学校需要对德育和素养教育进行重新思考和创新，经过不断探索与实践，人文素养的作用得到充分发挥，为使全国中等职业学校、技工学校的德育和素养课程能进一步深化延展，重庆万州技师学院特组织有丰富教学经验的一线老师编写了本书。

本书以《中等职业学校德育大纲》为依据，把"以人为本、传承文化、立德树人、全面发展"作为德育和素养教育的核心理念，结合中高职学生的身心特点和接受能力，充分遵循教育的人文性和艺术性原则。以"中国儒家和道家的经典文化《弟子规》《道德经》"为抓手，贯彻落实党的十九大报告中提出的"推动中华优秀传统文化创造性转化和创新性发展"，把"社会主义核心价值观和现代德育"进行有机融合作为本书的主要内容。本书主要运用人文方法，将德育素养人文化、立体化和生态化，旨在培育受教育者的人文精神（主要包括以人为本、尊重人的价值与尊严、探究人生意义、人的精神文化品格和追求人的个性充分而完善的发展）。它是一门规矩教育、立德教育、恢复人性的教育课程。归根到底，是培养人格健全并有利于受教育者形成科学的世界观、人生观和价值观，为社会培养高素质劳动者和技术技能人才奠定基础。

本书的主要特点：

1. 内容丰富

在编写中努力做到循序渐进、深入浅出、寓教于乐、古今结合，具有浓厚的崇古特征。在知识选择倾向于人文学科的同时，不乏现代专业学科知识的涉猎。

2. 形式新颖

将课程内容生活化、行为化、立体化、现代化，富有强烈的吸引力和感染力。

3. 方式实际

主要以案例教学法开展主题式教学活动，以学期项目教育的方式开展体验式教学活动，在教学活动中，始终坚持以"学生主体、教师主导、行动导向、学思践悟"的教学原则，凸显学生在活动中体验人文素养的真实内涵。

4. 学时合理

根据本书结构设计，无论从内容和形式上，都做到学时安排的合理性。每学期理论学时占总学时的1/3，活动学时占总学时的2/3（不同学期学时数有所不同）。

本书共设计12个单元的教学内容，每个单元由"经典文化""学习活动"和"学习拓展"3个模块组成。每个模块的具体内容为："经典文化"包括经典原文、经典解读、经典启迪、案例链接；"学习活动"包括活动目标、活动导航、活动体验、活动总结；"学习拓展"包括自我实现、力行评价、学习心得、智言慧语。每个单元采取主题式教学，再围绕单元主题设置分主题活动，本书共12个主题，36个分主题活动。按照3年学制，每学期完成两个单元的教学内容，即2个主题，6个分主题活动。建议每单元理论2~4学时，活动8~10学时，考评2~4学时（根据学期时间的长短可作适当调整）。在教学中，教师可根据教育时机灵活选择主题开展活动。

为了避免呆板枯燥的理论说教，本书在"活动体验"部分以图片、影像、音乐、游戏等方式呈现，目的在于刺激学生的多重感官，激发他们的学习兴趣，增强案例的说服力。在活动中设置了"说一说""看一看""想一想""议一议""听一听""猜一猜""写一写""做一做"等不同栏目，充分调动学生的积极性、参与性，以提升学生的自我教育和创新能力。同时，通过这种活动方式，以转变教师的育人观念，把过去的"静态德育"转变为"动态德育"，使德育和素养教学"立体化"，最终实现德育素养自然化的"生态德育"。

本书在编写过程中，由于编者水平有限，难免存在很多不足和纰漏之处，欢迎各位专家、同仁和广大读者批评斧正，以便进一步修订完善。

编　者

目录

Contents

目
录

第十二单元 爱国情怀 时代精神

参考文献

目　录

课前诵读

两恩一颂一梦

感恩词

感恩天地滋养万物

感恩国家培养护佑

感恩父母养育之恩

感恩老师谆谆教导

感恩同学关心帮助

感恩农夫辛勤劳作

感恩大众信任支持

感恩所有付出的人

恭拜孔子感恩词

感恩您度厄克艰，论著经典。

感恩您言传身教，长善救失。

感恩您学承古今，立范后世。

孝亲颂

当我赤裸裸，来到这个世界，体重不到十斤，身长仅有一尺！不会说话，不会走路；衣食住行，大小二便，都没办法自己料理。在襁褓中，只能哭泣，用来表达我的心意，这时我的父母，他们用：无限的爱心，无限的辛劳；无限的心血，无限的期盼；一切的一切，无限的无限；哺育我，抚养我，教育我，培植我，使我健康，使我茁壮，使我幸福，使我快乐，我的一切，都是父母的恩赐。真的！爸爸妈妈给我的慈恩，远比天高，更比海深。真的！看羊儿跪下吃奶，看乌鸦反哺父母。真的！孝心是一切动物，天性的光明，孝心是宇宙人间，永恒的真理。因此，我发愿："从今日起，永远真心地，孝顺爸爸妈妈！"

我的梦

志在圣贤，复兴中华。为中华民族的伟大复兴而读书！

第一单元
认识自我　定位角色

模块一　经典文化

一、经典原文

弟子规·总叙

弟子规　圣人训　首孝悌　次谨信

泛爱众　而亲仁　有余力　则学文

二、经典解读

【概述】

《弟子规》原名《训蒙文》,为清朝康熙年间秀才李毓秀所作。其内容采用《论语·学而篇》第六条:"弟子入则孝,出则弟,谨而信,泛爱众,而亲仁,行有余力,则以学文"的文义以三字一句,两句一韵编纂而成,分为七个部分加以演述;具体列举出为人子弟在家、出外、待人接物、求学应有的礼仪与规范,特别强调"孝"是人之本分,行之本源,特别讲究家庭教育与生活教育。后经清朝贾存仁修订改编,并改名为《弟子规》,是启蒙养正教育,教育子弟要"敦伦尽份,闲邪存诚",养成有德有才之人的最佳读物。

【字解】

圣人:尧、舜、禹、周公、老子、孔子等圣贤。

谨:慎重、小心。

亲仁:亲近有仁德之人。

学文:学习知识与技能。

【译文】

《弟子规》是根据《论语》等经典编成的生活规范。首先,是在日常生活中,要做到孝顺父母,友爱兄弟姊妹。其次,在一切日常生活言语行为中要小心谨慎,要讲信用。和大众相处时要平等博爱,并且亲近有仁德的人,向他人学习,这些都是很重要,是非做不可的事。如果做了之后,还有多余的时间和精力,就应该好好地学习六艺等其他有益的学问。因此,教育的基本目标主要是把青少年培养成孝敬父母、友爱兄弟、谦逊待人、诚实守信、团结他人而又向往高尚品德的人。

三、经典启迪

(一)学习《弟子规》的目的和意义

学习《弟子规》的目的在于用老祖宗的智慧来教育我们去正确面对未来的生活。

中国是历史悠久的文明古国,有着深厚的文化积淀。而文明的标志之一就是国民的思想品质和道德修为,《弟子规》传承的就是中华优秀传统文化理念。在传统文化整体缺失的当今社会,学习《弟子规》将有助于涤荡我们的思想,有效化解人们面临的两大危机:一是信心危机,二是信任危机。所以,要做有正能量(信心)的中国人,做有人气(信任)的中国人,必须从学习中国文化——《弟子规》开始,学习《弟子规》具有十分重要的现实意义。

(二)中华文化正在世界盛行

(1)《纽约时报》曾评选全人类古往今来十位最重要的思想家,老子名列前茅。

（2）据联合国教科文组织统计，历史上被译成外国文字而流传最广的著作，第一是《圣经》，其次是《道德经》。

（3）2009 年，世界第一所老子学院经澳大利亚政府批准，于 9 月 23 日在悉尼成立。

（4）从 2004 年全球首家孔子学院在韩国首尔成立开始，截至 2017 年 7 月，中国已在 140 个国家和地区建立 511 所孔子学院和 1073 个中小学孔子课堂，现有注册学员 210 万人，中外专兼职教师 4.6 万人。

（5）2009 年 10 月 28 日，美国众议院高票通过"美国纪念孔子 2560 周年诞辰"的决议。

（6）2009 年，澳大利亚举行首届孔子文化节。

（三）全民正在找回失去的经典文化——《弟子规》

（1）《弟子规》已作为"十五"科研规划立项课题，如下图所示。

中 国 教 育 学 会 函 件

中国教育学会 "十五" 科研
规划课题立项通知

学会［2004］14 号

北京师范大学教育学院：

经研究，你单位申报的课题《关于诵读中华文化经典与素质教育实验研究》国学经典之《弟子规》已被列为中国教育学会 "十五" 科研规划课题。经费自筹，望你们按照《中国教育学会科研课题管理办法》的规定，认真组织此项课题的研究工作，包括：成立课题组、落实经费、制定阶段计划、开题、开展试验研究等。研究期间应按要求向我会报告课题研究的进展情况。课题研究时间为 1 年半。结题时，需对课题研究的过程和获得的成果进行总结并写出结题报告。鉴定工作由中国教育学会或委托有关单位负责组织。

中国教育学会
200□年 7 月 16 日

（2）全国大中小学掀起读国学经典热潮，如下图所示。

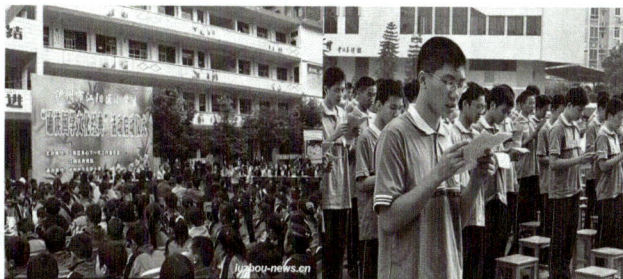

3. 国家对传统文化传承的支持

2017年1月25日,中共中央办公厅、国务院办公厅印发《关于实施中华优秀传统文化传承发展工程的意见》,并发出通知,要求各地区各部门结合实际认真贯彻落实。

四、案例链接

案例1:一个六岁的小孩,不但学会了弹钢琴,而且还会说英语。每当家里来了客人,大人都叫他为客人表演。一天,他表演了节目后,大家都在赞扬他。他骄傲地说了一句语惊四邻的话:"姥姥是个大笨蛋,什么都不会!"客人愕然。

想一想

(1)这个故事说明什么问题?

_____

_____

(2)这个孩子懂得做人的道理吗?懂得如何去做事情吗?

_____

_____

说一说

分小组讨论:说一说你对《弟子规》的看法。

小编寄语 为什么要学习《弟子规》?因为它是我们行动的准则。《弟子规》的内容是教育学生在家懂得孝顺父母,兄弟姐妹友好相处,在外要敬师长、懂礼貌、讲信用,和别人平等相处,不自私、不傲慢、爱人民、爱国家、爱民族。在培养好了自己的品德后,再努力学习文化知识。家长如果一味地培养孩子的技能,却不关心学习的目的是什么,而仅仅是为了让他有一技之长,将来好就业。

案例2:

某公司18万年薪聘总监——要求熟背《弟子规》无人敢接招

"真想不到,在这么热闹的一个人才市场,我们竟连一份求职简历都没有收到!"昨天,在东莞市一大型人才招聘会上，一家传媒公司负责招聘的曾小姐悻悻地对记者说，他们公司开出18万的年薪聘请一名客户总监，招聘会现场川流不息的人群里竟然无人应聘，看到招聘海报的求职者顶多只是咨询几句便悄然离去。记者观察到，其招聘海报对应聘者要求第一条是"熟背《弟子规》"；第二条是"待人接物彬彬有礼"。

据曾小姐介绍，这家传媒公司是运营文化传播的，公司老总要求所有员工每天晨读《弟子规》《千字文》《三字经》等经典，所以，对应聘者的条件要求之一须熟背《弟子规》。

记者现场发现，求职者当中，读过《弟子规》的人寥寥无几，即使曾经读过，也只能背一两句；有的将《三字经》与《弟子规》混为一谈；而更多的人甚至连《弟子规》是什么都不知道。一位求职者说，上学时老师曾要求背诵《弟子规》，那时没有好好学，出来工作后，又觉得它没什么用。平时常读求职指南、励志、礼仪等方面的书籍的他，没想到这次年薪18万元的好职位却须背诵《弟子规》。从事文化传播工作5年的李先生表示，对于18万年薪的工作还是相当有兴趣，但对要求背诵《弟子规》表示不解，他认为搞市场营销无须了解这类传统经典。

一家以营利为目的传媒公司何以要求员工熟读《弟子规》？该公司总经理赵其兴先生表示，公司所有员工都能熟练朗读甚至背诵《弟子规》等经典名著。赵一语道破"天机"：目前还找不到一本书像《弟子规》那样能有效规范员工的行为举止。入职该公司仅3个月的张姓员工说他初来时也对要求读背《弟子规》表示诧异，但经过一段时间的朗读，发现书中句句珠玑。他随口道出："见人善，即思齐；见人恶，即自省；唯德学，唯才艺，不如人，当自励；闻过怒，闻誉乐，损友来，益友却；将加人，先问己，己不欲，即速已……"如果从小能读到这些为人处世、待人接物的道理，相信自己长大后会少走很多弯路，由此也明白了公司要求员工诵读经典的良苦用心。

一位管理专家表示，利用传统经典充实现代企业文化并运用于管理，这是一种创新，相对于很多企业教条式、口号式的企业文化，《弟子规》所提倡的"对人、对事、为人、处世"的态度和规范恰好能更有效地让企业员工运用在日常工作和生活当中。

说一说

分小组讨论：读完案例2，你有什么启发？

_____

_____

案例3：晏殊是宋代名臣，还是著名的文学家。晏殊小时候便有神童之誉。一次，他参加御前考试，拿到考题后，他马上请求皇上另出新题，并老老实实地禀报："这个题目，我十天前正好练习过，草稿还存在家里，为考出真才实学，请为我出道新试题。"他这种诚实的态度深得皇上赏识。考中进士后，晏殊仍然每天闭门读书，刻苦用功。他如此敦厚好学，颇得世人好评。

说一说

分小组讨论：读完案例3，你有什么启发？

_____

模块二　学习活动

活动一　用心识己

一、活动目标

(1)学会正确认识自我、肯定自我、欣赏自我。

(2)相信自己的潜能与价值,树立自信,努力学习。

(3)提高学习兴趣,缓解日常学习中的压力与焦虑情绪。

二、活动导航

俗话说:"人贵有自知之明。"古希腊建筑在帕那索斯山陡峭的斜坡上宛如舞台形状的供奉太阳神阿波罗神的德尔菲神庙中,铭刻着一句箴言:"认识你自己!"这则古老的神谕,是古希腊人长久历史生活感受的凝结与表达,古希腊人把它看作是人的最高智慧。这说明要正确认识自我、了解自我是多么不容易啊!你是怎样的一个人?你了解自己吗?请根据自己的实际情况来写一写。

我是一个＿＿＿＿＿＿＿＿＿＿＿的人。

三、活动体验

读一读

卧薪尝胆

吴王阖闾打败楚国后,成了南方的霸主。越国是吴国的邻国,与吴国素来不和。公元前496年,越国国王勾践即位。同年,为了征服越国,吴王发兵攻打越国。两国在槜李展开了一场大战,吴王阖闾满以为可以打赢,没想到打了个大败仗,自己又中箭受了重伤,再加上上了年纪,回到吴国,就咽了气。吴王阖闾死后,儿子夫差即位。阖闾临死时对夫差说:"不要忘记报越国的仇。"夫差记住这个嘱咐,叫人经常提醒他。他经过宫门,手下的人就扯开了嗓子喊:"夫差!你忘了越王杀你父亲的仇吗?"夫差流着眼泪说:"不,不敢忘。"

夫差为了报父仇,叫伍子胥和伯嚭还有孙子一起操练兵马,准备攻打越国。结果越国战败,越王勾践被抓到吴国。吴王为了羞辱越王,因此派给他看墓与喂马这些奴仆才做的工作。越王心里虽然很不服气,但仍然极力装出忠心顺从的样子。吴王出门时,他走在前面牵着马;吴王生病时,他在床前尽力照顾,吴王看他这样尽心伺候自己,觉得他对自己非常忠心,三年后就允许他返回越国。

勾践回到越国后,立志报仇雪耻。他唯恐眼前的安逸消磨了志气,在吃饭的地方挂上一个苦胆,每逢吃饭的时候,就先尝一尝苦味,还问自己:"你忘了三年前的耻辱吗?"他还把席子撤去,用柴草当作褥子。勾践决心要使越国富强起来,他亲自参加耕种,叫他的夫人自己织布,来鼓励生产。因为越国遭到亡国的灾难,人口大大减少,他推出奖励生育的制度。他派文种管理国家大事,让范蠡训练军队,自己虚心听从别人的意见,救济贫苦的百姓。全国的老百姓都巴不得多加一把劲,好叫这个受欺压的国家成为强国。

越王勾践整顿内政,努力生产,使国力渐渐强盛起来。他就和范蠡、文种两个大臣经常商议怎样讨伐吴国的事。

公元前482年,吴王夫差亲自带兵北上攻打齐国。伍子胥急忙去见夫差,说:"我听说勾践卧薪尝胆,跟百姓同甘共苦,看样子一定要想报越国的仇。不除掉他,总是个后患。希望大王先去灭了越国。"吴王夫差哪里肯听伍子胥的话,照样带兵攻打齐国,结果打了胜仗回来。文武百官全都道贺,只有伍子胥反倒批评说:"打败齐国,只是占点小便宜;越国来灭吴国,才是大祸患。"这样一来,夫差越来越讨厌伍子胥,再加上伯嚭在背后尽说伍子胥坏话。夫差给伍子胥送去一把宝剑,逼他自杀。伍子胥临死的时候,气愤地对使者说:"把我的眼珠挖去,放在吴国东门,让我看看勾践是怎样打进来的。"夫差杀了伍子胥,任命伯嚭做了太宰。公元前475年,越王勾践做好了充分准备,大规模地进攻吴国,吴国接连打了败仗。越军把吴都包围了两年,吴王夫差被逼得走投无路,说:"我没有面目见伍子胥了。"说着,就用衣服遮住自己的脸,自杀了。后来勾践北上中原与诸侯会盟,成为春秋时期最后一个霸主。越王勾践"卧薪尝胆",终于使自己成就了一番伟业!

议一议

(1)越王勾践为什么能获得成功?

_____

_____

_____

(2)他的故事对你有什么启发?

_____

_____

_____

看一看

观看视频:《活出生命的精彩》

尼克·胡哲(NickVujicic),1982年12月4日生于澳大利亚墨尔本,"生命不设限"(Life Without Limbs)组织创办人、著名励志演讲家。他天生没有四肢,但勇于面对身体残障,创造了生命的奇迹。

议一议

(1)尼克为什么能获得成功? 他的故事对你有什么启发?

_____

_____

_____

(2)与尼克相比较,你拥有的什么是最值得珍惜的?

_____

_____

_____

写一写

(1)我现在的特长表现在:_____

(2)我的不足表现在:_____

(3)我所学的专业可以发展哪些方面的特长?

_____

_____

(4)为了提升自己,我将从哪些方面做起?

_____

_____

_____

_____

读一读

欣赏自己

也许你想成为太阳,可你却只是一颗星辰;也许你想成为大树,可你却只是一棵小草;也许你想成为大河,可你却只是一泓山泉;于是,你很自卑。很自卑的你总以为命运在捉弄自己。其实,你不必这样:欣赏别人的时候,一切都好;审视自己的时候,却总是很糟。和别人一样,你也是一片风景,也有阳光,也有空气,也有寒来暑往,甚至有别人未曾见过的一棵春草,甚至有别人未曾听过的一阵虫鸣……做不了太阳,就做星辰,在自己的星座发热发光;做不了大树,就做小草,以自己的绿色装点希望;做不了伟大,就做实在的自我,平凡并不可卑,关键的是必须做最好的自己。不必总是欣赏别人,也欣赏一下自己吧,你会发现,天空一样高远,大地一样广大,自己与别人有一样的活法。走向超越只有靠你自己。

小编寄语 同学们,正如一句名言所说:"既然生活创造了我,我就不是多余的。"我们每个人都作为一个独特的个体存活在这个世界上,都有自己独特的价值和意义,每个人特点不同,各有所长,各有所短,既然创造了不一样的人,就要以不同的方式充分利用自己的长处。现在我们选择了适合自己的专业来学习,也要发挥自己的专长,争取学有所成。

做一做

游戏：传递圆球

【游戏规则】

（1）将学生分成三组，每个小组约 15 人，分别配有 1、2、3 号球。

（2）要求：将球按 1、2、3 号的顺序从发起者手里发出，最后按此顺序回到发起者手里。在传递过程中，每一个人都必须触及球，所需时间最少者获胜。

（3）如果球每掉落一次，则在最终成绩上外加 10 秒。

【注意事项】

（1）游戏开始之前，先让同学们预测一下本组的成绩。

（2）游戏开始，同学们将球一个接一个地向后传递，记下三组的成绩，例如用时分别为 50 秒、45 秒和 30 秒。

（3）教师向所有小组发出挑战："有没有更好的办法让时间变得更短些？这个游戏的最好成绩为 8 秒。"

【游戏体验】

在这个游戏中，你有没有尝试去改变自己，去突破自己？你是如何做到的？

小编寄语 当一件看似不可能的事情摆到我们面前时，这种"不可能"的心理定式使每个人都会想到放弃。但很多事情做了才能成功，放弃了则会永远失去获取成功的机会。我们应该树立一个超越自己的目标，相信自己，不懈努力，赢取更多进步和成功的机会。世上每个人都是不同的个体，而在我们每个人身上也都蕴藏着一份特殊的才能，这份才能犹如一位熟睡的巨人，等着我们去唤醒它。上天绝不会亏待任何一个人，会给我们无穷的机会去充分发挥所长，只要我们能够用心审视自己，必将发现一个崭新的自己，你就会发现一切皆有可能。

四、活动总结

_____

_____

_____

活动二 角色转换

一、活动目标

（1）了解中等职业学校，让同学们明确自己的学习目标和努力方向。

（2）培养自信心，激发对学习专业技能的兴趣和热情，相信就读中等职业学校一样可以成功成才，实现梦想。

二、活动导航

课堂小调查：

(1)选择了读中职，你后悔吗？请说明你的理由。

_____

_____

(2)选择了读中职，你自豪吗？请说明你的理由。

_____

_____

三、活动体验

读一读

读中职前途光明，出路四通八达

经济发达国家的经验表明，人才培养和使用呈"金字塔"结构。据有关专家估计，21世纪所需要的大量人才是介于"白领"和"蓝领"之间的"灰领"，这就是既具有良好的理论素养，又能付诸实践的复合型、实用型人才。

中等职业教育既是对学生所掌握的文化基础知识进行筛选整合巩固的过程，也是将其所学知识运用于技术实践的过程，更是对其思想品德、社会交流、独立生存和自我发展等能力方面进行塑造的过程。中等职业教育突出"职业性"，着力培养学生的职业道德、职业技能和就业创业能力，为学生的职业发展作准备。中等职业学校的任务就是传授给学生一门赖以生存的手艺。实际上，人的学习潜能是巨大的，中等职业教育是不断地给不同层次的学生创造机会，给学生以自强的出路。当今社会对职业教育的需求不断扩大，中职生的发展空间更大，机会更多，出路也更广，除就业、深造、半工半读外，中职生还可以凭着过硬的本领自己创业。

填一填

根据《国家中长期教育改革和发展规划纲要》(2010—2020年)，制定的有关"增强职业教育吸引力"的措施，说一说给中职生带来的好处。

《国家中长期教育改革和发展规划纲要(2010—2020年)》有关内容	给中职生带来的好处
1. 逐步实行中等职业教育免费制度，完善家庭经济困难学生资助政策	
2. 积极推进学历证书和职业资格证书"双证书"制度，推进职业学校专业课程内容和职业标准相衔接	
3. 完善就业准入制度，执行"先培训、后就业""先培训、后上岗"的规定	
4. 鼓励毕业生在职继续学习，完善职业学校毕业生直接升学制度，拓宽毕业继续学习渠道	
5. 提高技能型人才的社会地位和待遇，加大对有突出贡献的高技能人才的宣传力度，形成行行出状元的良好社会氛围	

人文素养

> **小编寄语** 选择天空,让青春自由翱翔;选择奋斗,让青春放声歌唱;选择了一种职业,让青春在汗水中挥洒希望,也让生命在青春中铸就辉煌! 同学们,为你们的选择感到自豪吧,向更高的目标奋进吧!

四、活动总结

_____

_____

_____

活动三 积极心态

一、活动目标

(1)正确面对逆境,学会调整目标和心态。

(2)培养自信、乐观的积极心态。

二、活动导航

歌曲欣赏:《隐形的翅膀》

每一次,都在徘徊孤单中坚强;每一次,就算很受伤也不闪泪光。我知道,我一直有双隐形的翅膀,带我飞,飞过绝望。不去想,他们拥有美丽的太阳,我看见,每天的夕阳也会有变化;我知道,我一直有双隐形的翅膀,带我飞,给我希望……

同学们,你是怎样认识和理解困难的呢?《隐形的翅膀》这首歌给我们带来什么启迪?

_____

_____

_____

三、活动体验

看一看

观看视频:《一朵美丽的倔强花》

2014年,湖南省新宁县的9岁女孩陈海萱小小年纪已挑起家里全部的家务。从她懂事开始,她就要照顾疯癫的妈妈,成了妈妈的妈妈。家里的房子破得不成样子,到处都是窟窿,整个家只能靠爸爸赚苦力钱来维持。

爸爸砍竹子,她就负责除枝。只要能跟爸爸在一起,不管干什么,海萱都很开心。对于海萱来说,日子苦一点不要紧,治好妈妈的病才最要紧。她从没觉得有这样的妈妈丢脸,从没抱怨过老天的不公。她灿烂的笑容和快乐的歌声,像阳光一般温暖这个特殊的家。

"倔强花"面临什么样的困境呢？她是如何克服的？这个故事给你的启迪是什么？

_____

_____

_____

小编寄语　人生如一首悲喜交加的交响曲。人生旅途中既有获得成功的幸福，也有遭受挫折的痛苦；既与鲜花掌声相伴，又与伤痕泪水相随。人生在世，或喜或忧，或高或低，都是正常的事，关键在于我们能否直面相对。面对困境，调整心态，笑对人生，成功时才能拥有真正的快乐，失败时才不会就此沉沦。

当人遇到困难时，消极的心态会让你退缩，并陷入悲观的深渊，积极的心态则使你乐观，并能获得成功的喜悦，可见成功与否很大程度上取决于一个人心态的好坏。成功人士的首要标志在于他的心态。一个人如果心态积极，乐观地面对人生，乐观地接受挑战和应对困难，那他就成功了一半。

读一读

面对困境自我调整的方法

人总有处于困境的时候，当你感觉你正在被一些问题所困扰时，不妨试试下面的方法，也许会有所帮助。

(1)确定几件你认为一生中最有价值的事情，然后专心去做。

(2)对于某种不能改变的事实全心地接受它。

(3)相信人是可以改变的，若要改变别人，需先试着改变自己。

(4)确信任何痛苦和逆境都是有意义的，并且尽量去找出它们的意义。

(5)不要求全，部分的美也是美。

(6)拒绝那些盘踞在心头的毁灭情绪。

(7)对原来引起某种不良情绪的刺激，试作不同的解释。

(8)不强求、不追悔，凡事顺其自然。

(9)不要放弃对美好事物的渴望，有希望才会有动力，有动力就要有行动。

(10)要勇于行动和尝试。

心态是一个人面对生活所产生的心情及自己对生活采取的态度，可以分为积极心态和消极心态。同学们说一说，哪些是积极心态，哪些是消极心态？

积极心态有：_____

_____

人文素养

消极心态有：＿＿＿＿＿＿＿＿＿＿＿＿＿＿＿＿＿＿＿＿＿＿＿＿＿＿＿

＿＿＿＿＿＿＿＿＿＿＿＿＿＿＿＿＿＿＿＿＿＿＿＿＿＿＿＿＿＿＿＿＿＿

＿＿＿＿＿＿＿＿＿＿＿＿＿＿＿＿＿＿＿＿＿＿＿＿＿＿＿＿＿＿＿＿＿＿

写一写

仿照例句，写下一段自勉的话。

例句：无法改变风向，可以调整风帆；无法左右天气，可以调整心情。如果事情无法改变，那就去改变观念。

自勉的话：＿＿＿＿＿＿＿＿＿＿＿＿＿＿＿＿＿＿＿＿＿＿＿＿＿＿＿

＿＿＿＿＿＿＿＿＿＿＿＿＿＿＿＿＿＿＿＿＿＿＿＿＿＿＿＿＿＿＿＿＿＿

＿＿＿＿＿＿＿＿＿＿＿＿＿＿＿＿＿＿＿＿＿＿＿＿＿＿＿＿＿＿＿＿＿＿

四、活动总结

＿＿＿＿＿＿＿＿＿＿＿＿＿＿＿＿＿＿＿＿＿＿＿＿＿＿＿＿＿＿＿＿＿＿

＿＿＿＿＿＿＿＿＿＿＿＿＿＿＿＿＿＿＿＿＿＿＿＿＿＿＿＿＿＿＿＿＿＿

＿＿＿＿＿＿＿＿＿＿＿＿＿＿＿＿＿＿＿＿＿＿＿＿＿＿＿＿＿＿＿＿＿＿

＿＿＿＿＿＿＿＿＿＿＿＿＿＿＿＿＿＿＿＿＿＿＿＿＿＿＿＿＿＿＿＿＿＿

活动四 积蓄力量

一、活动目标

（1）正确理解如何积蓄力量，再次飞翔的深刻意义。

（2）培养放飞梦想，实现理想的坚定信念。

二、活动导航

将下面这段话制作成一个书签用来激励自己。

每一条河流都有自己不同的生命曲线，但是每一条河流都有自己的梦想——那就是奔向大海。不管你现在的生命是怎么样的，一定要有水的精神。像水一样不断地积蓄自己的力量，不断地冲破障碍。当你发现时机不到的时候，把自己的厚度积蓄起来，当有一天时机来临的时候，你就能够奔腾入海，成就自己的生命。

三、活动体验

读一读

故事一：美国黄石公园里最常见的一种松树叫"屋梁松"，其松塔的鳞片结构特别紧密，挂在树上好几年也不会脱落，即使落在地上，也不会张开，只有在强大的高温作用下，这些鳞片才会绽开，释放出种子。

夏末秋初的时候，天气干燥，降水很少，森林很容易发生火灾。要山火来临时，树林被熊熊烈焰吞噬，在大火的炙烤下，屋梁松松塔的鳞片绽开了，释放出储备已久的种子。这些种子在坚固的表皮保护下，平安躲过了山火的肆虐。山火过后，被烧过的动植物为土壤留下了丰富的养分。由于没有其他树木的竞争和遮蔽，第二年春季，在一片灰烬中，这些屋梁松松塔的种子率先破土而出，不久漫山遍野全长满了屋梁松幼苗。由于每次火灾过后，屋梁松总能最早占领"地盘"，它们渐渐成为黄石公园里分布最广的树种之一。

屋梁松的启迪： 时机未成熟时，请不要为怀才不遇而懊恼，也不要抱怨环境的束缚。这些或许是你生命中的松塔，在帮你积蓄力量、等待最适合的时机。只要拥有希望的种子，总有一天，蓄积的精华将在熊熊烈火中迸发，你将会是废墟中第一个站起来的"屋梁松"。

故事二： 在植物界有一种等待年代极为长久的种子，那就是古莲子。1952 年，我国科学家在地下泥炭层中发现了一些古莲子，科学家采用同位素碳 14 地质年龄测试方法测得这些古莲子的寿命在 835 ~ 1095 年。第二年，科学家将这些古莲子种在位于香山脚下的北京植物园中。没想到这些沉睡了千年的古莲子的发芽率居然达到 90% 以上，并于两年后的 1955 年夏天开出了淡红色的荷花。它们才是真正做到"千年等一回"的强者，这种顽强的生命力真让人肃然起敬。

古莲子的启迪： 从这些古莲子身上，我们发现，等待也是一种强韧的生命状态。生命需要等待，等待也是积蓄力量、储备能力的过程。古莲子并没有睡着，一旦遇到生长条件，它们就会绽放出生命中最美丽的花朵。

议一议

读了这两个故事，结合自己的实际情况，谈谈你应该如何在中职学习期间积蓄力量，接受社会的挑战。

_____

_____

_____

小编寄语 有时候等待是为了积蓄力量，再次飞翔。等待必须要有坚强的意志力，要对心中的等待有信心、有恒心、有耐心。学会等待，严冬过去便是春天，"山重水复疑无路，柳暗花明又一村"。相信积蓄力量，时刻准备着，我们将会心想事成，实现梦想。

四、活动总结

_____

_____

_____

人文素养

模块三 学习拓展

一、自我实现

(1)以班级为单位,开展主题为"做一名自豪的中职生"演讲比赛。

(2)课后查找资料,结合自己的实际情况,谈谈现实生活中我们应该怎样挖掘自己的潜能,来提高自己的学习。

二、力行评价

请同学们根据自己的实际情况,制订一个中职学习规划表。

我的中职学习规划

我理想的职业		
我选择的专业		
我的优势		
我的劣势		
我的目标	最终目标	
	第一阶段目标	
	第二阶段目标	
	第三阶段目标	
我的励志格言		

三、学习心得

要求:写一篇本单元学习后的心得体会(学习收获、存在问题、解决办法),字数不少于200字。

_____

_____

_____

_____

四、智言慧语

(1)营造幸福人生的秘诀:观念决定态度,态度决定行动,行动决定习惯,习惯决定性格,性格决定命运,命运决定人生。

(2)中华文化是中华民族的根基和灵魂,是中华民族生生不息、团结奋进的不竭动力,是海内外无数中华儿女的精神家园。

(3)圣贤教育是人生的首要教育。力行《弟子规》这样的圣贤教诲,是解决我们现实困惑、忧虑、不安、痛苦的一把金钥匙。

(4)学习经典,首先要从自身做起。我们要时时怀着一颗感恩之心、包容之心,善待自己,也善待他人。与人为善,也与己为善。

(5)什么是"智慧"?"智慧"就是对事物能迅速、灵活、正确地分析并解决问题的能力

（即能圆满地解决问题）。

（6）盛怒之中，勿答人书；盛喜之中，勿许人物。

（7）遵循圣贤教诲的两个原则：一是"己所不欲，勿施于人"，也就是要学会换位思考，自己想得到什么就要先付出什么，不想得到什么，当然也不能让对方去承受；二是"行有不得，反求诸己"，也就是当出现矛盾或不顺时，我们应首先好好反省自己，往往问题的症结就在自己身上。

（8）用四句话解决一切问题："对不起"（你便救赎了曾经所有的错失）；"请原谅"（你便彻底忏悔了自己和宽容了他人）；"谢谢你"（你无比真诚地感恩宇宙中的一切万物）；"我爱你"（你的心就汇入了仁慈博爱的精神海洋）。

（9）一个全面健康的人包括四个方面的内涵：身体健康、心理健康、社会健康、道德健康。

（10）"身体发肤，受之父母，不敢毁伤，孝之始也。立身行道，扬名后世，以显父母，孝之终也。"——《孝经》

（11）女慕贞洁，男效才良。——《千字文》

（12）"五伦"——父子有亲、夫妇有别、君臣有义、长幼有序、朋友有信。"五常"：仁、义、礼、智、信（用以调整规范君臣、父子、兄弟、夫妇、朋友等人伦关系的行为准则）。"五福"：长寿、富贵、康宁、好德、善终。"四维"：礼义廉耻。"八德"：孝悌忠信仁爱和平。

（13）中西方文化的区别：西方文化：竞争——斗争——战争——毁灭；东方文化：仁爱——互爱——互助——大同。

（14）所谓人才，就是你交给他一件事情，他做成了；你再交给他一件事情，他又做成了。

第二单元

孝敬父母　感恩一切

模块一　经典文化

一、经典原文

弟子规·入则孝

父母呼	应勿缓	父母命	行勿懒
父母教	须敬听	父母责	须顺承
冬则温	夏则凊	晨则省	昏则定
出必告	反必面	居有常	业无变
事虽小	勿擅为	苟擅为	子道亏
物虽小	勿私藏	苟私藏	亲心伤
亲所好	力为具	亲所恶	谨为去
身有伤	贻亲忧	德有伤	贻亲羞
亲爱我	孝何难	亲憎我	孝方贤
亲有过	谏使更	怡吾色	柔吾声
谏不入	悦复谏	号泣随	挞无怨
亲有疾	药先尝	昼夜侍	不离床
丧三年	常悲咽	居处变	酒肉绝
丧尽礼	祭尽诚	事死者	如事生

二、经典解读

【字解】

教(jiào)：教导。

则：就要。

省(xǐng)：请安，问好。

告：告诉。

私藏：私自收藏。

伤：伤心，难过。

恶(wù)：厌恶，不喜欢。

贤：可贵。

谏：劝说。

色：表情，神色。

号(háo)：大声哭泣。

咽(yè)：阻塞，声音因阻塞而低沉。

顺：顺应，接受。

凊(qìng)：寒、冷、凉。

定：服侍父母安睡。

居：起居，生活。

亲：父母亲。

好(hào)：喜爱，喜好。

贻(yí)：遗留，给予。

过：过失，过错。

怡(yí)：喜悦，欢乐。

柔：使柔和。

挞(tà)：用鞭子或棍子抽打。

丧：指父母去世之后子女服丧。

【译文】

父母呼唤，应及时回答，不要慢吞吞地很久才应答。父母有事交代，要立刻动身去做，不可拖延或推辞偷懒。父母教导我们做人处事的道理，是为了我们好，应该恭敬地聆听。做错了事，父母责备教诫时，应当虚心接受，不可强词夺理，使父母生气、伤心。

人文素养

侍奉父母要用心体贴,夏天睡前会帮父母把床铺扇凉,冬天寒冷时会为父母温暖被窝。早晨起床之后,应该先探望父母,并向父母请安问好。下午回家之后,要将今天在外的情形告诉父母,向父母报平安,使他们放心。外出离家时,须告诉父母要到哪里去,回家以后,还要当面禀报父母回来了,让父母安心。平时起居作息,要保持正常有规律,做事有常规,不要任意改变,以免父母忧虑。

纵然是小事,也不要任性、擅自做主,而不向父母禀告。如果任性而为,容易出错,就有损为人子女的本分,因此让父母担心,是不孝的行为。公物虽小,也不可以私自收藏占为己有。如果私藏,品德就有缺失,父母亲知道了一定很伤心。

父母亲所喜好的东西,应该尽力去准备;父母所厌恶的事情,要小心谨慎地去除(包含自己的坏习惯)。要爱护自己的身体,不要使身体轻易受到伤害,让父母亲忧虑。要注重自己的品德修养,不可以做出伤风败德的事,使父母亲蒙受耻辱。当父母亲喜爱我们的时候,孝顺是很容易的事;当父母亲不喜欢我们,或者管教过于严厉的时候,我们一样孝顺,而且还能够自己反省检点,体会父母的心意,努力改过并且做得更好,这种孝顺的行为最是难能可贵。父母亲有过错的时候,应小心劝导改过向善,劝导时态度要诚恳,声音必须柔和,并且和颜悦色。如果父母不接受规劝,要耐心等待,一有适当时机,例如父母情绪好转或是高兴的时候,再继续劝导;如果父母仍然不接受,甚至生气,此时我们虽难过得痛哭流涕,也要恳求父母改过,纵然遭遇到责打,也无怨无悔,以免陷父母于不义,铸成大错。

父母亲生病时,子女应当尽心尽力地照顾,一旦病情严重时,更要昼夜服侍,不可以随便离开。父母去世之后,守孝期间(古礼三年),要常常追思、感怀父母教养的恩德。自己的生活起居必须调整改变,不能贪图享受,应该戒绝酒肉。办理父母亲的丧事要哀戚合乎礼节,不可草率马虎,也不可以为了面子铺张浪费,才是真孝顺。祭拜时应诚心诚意,对待已经去世的父母,要如同生前一样恭敬。

三、经典启迪

俗话说"百善孝为先"。孝是我们中华民族的传统美德,历经几千年的悠久历史。历史上还有二十四孝作为我们的典范。所以,我们要把"孝"发扬光大。虽然我们现在做不了什么,但是孝可以通过各种途径来表达:我们要在学校认真学习圣贤教诲;掌握所学知识和技能,当父母看到我们取得成就时,一定会非常高兴。这也算是我们对父母的一点小小的回报。人都说"滴水之恩当涌泉相报",而父母为我们付出的又怎能是滴水?我们对父母的付出只是沧海一粟。通过本单元经典的学习,告诉我们行孝的目标是:孝父母之身、孝父母之心、孝父母之志、孝父母之慧。

四、案例链接

案例1:正确面对父母之过

李世民年轻时,跟随父亲一起打天下,父子都能征善战。一次大战前夕,父亲做了一个不正确的决策,而这个决策会导致全军覆没。当李世民了解情况后,知道父亲的这个决策是错误的,他就力谏父亲,想让父亲改变主意。但父亲不但不听,甚至还骂他:"你小小年纪懂得什么?"当军事行动就要开始的前一天,李世民非常焦虑,晚上睡不着觉,就在父亲的军帐外面大声哭泣,哭得很凄惨。大帐里的父亲听后,也很难受,就把心定下来,重新考虑儿子的建议。人心静的时候,考虑问题就比较清楚。于是,他想通了,改变了原有的军事计划,保全了自己的军队,避免了全军覆没的结局。

思考:古人如此对待父母之过,想想现代社会中的儿女,如果父母有错,我们该怎么对待?

_____

_____

_____

_____

案例2:不孝之人,没资格当官

山西省河津市在2006年9月1日出台了《关于局级领导干部选拔任用工作的暂行办法》,对干部任职条件做出了以下规定:拟提任的干部(含夫妻双方)必须孝敬父母,善待配偶,诚实忠信。

在谈及为什么会做出这样的决定时,河津市委书记崔克信谈起了自己的经历:一年春节,崔克信去乡下慰问五保户。当时有很多老人坐在他的周围反映情况。大家指着其中的一位老人说,他的生活最困难。崔克信问那位老人是不是五保户,老人说不是,他有四个孩子,有一个儿子还是河津市的一位局长。但这位局长对老人不好,儿媳妇更坏。当时崔克信就想,那个局长在自己面前毕恭毕敬,却不好好对待自己的亲生父母,可见不孝者多两面三刀,信不过啊!因此他认为,在党政事业单位的工作人员道德水平低,缺乏诚信,不仅是个人问题,还会影响政府的形象。在现实中,有些领导干部始终是大法不犯,小错不断,法律法规和党的政策制度拿他没办法。在这种情况下,我们就要用道德来约束他。

此后不久,甘肃省金昌市也出台了此类规定:提拔干部不仅要看其德、能、绩等表现,还要再看其孝敬父母的表现,不合格者将被一票否决。在2006年县区、乡镇党委换届选举中,严格执行了这一新的规定,有三位官员因为不孝而被一票否决。

人文素养

模块二 学习活动

活动一 孝敬父母

一、活动目标

(1)通过孝亲教育,体会和感受父母的养育之恩,表达对父母的感恩之情。

(2)学会理解父母,并以实际行动报答父母,努力学习。

二、活动导航

(1)《二十四孝》故事(见《新德育故事集》系列视频)。

(2)观看"教育视频"。

当你还很小的时候,

是谁教会你洗脸,教会你梳头发,教会你穿衣服、系鞋带、扣扣子?

是谁花了很多时间,教你用勺子、用筷子吃东西?

有一天,他们变老了,

他们开始忘记了扣扣子、系鞋带,

他们有点接不上话,开始啰啰唆唆重复一些老掉牙的故事。

请不要怪罪他们,不要催促他们,

因为你在慢慢长大,而他们在慢慢变老……

父母已经为我们倾注了十几年的辛劳和汗水,此时此刻在看完这段视频之后你想对他们说些什么? 百善孝为先,扪心自问,我们做到了吗?

请你紧紧
握住他们
的手,
陪他们慢慢
地走
……

三、活动体验

> **读一读**

六旬老父捐肾救子

2003 年 2 月,湖北 60 岁的农民胡介甫将自己的肾脏移植给了患"尿毒症"的儿子,固执的父亲不容拒绝地告诉儿子胡立新:"没什么比你的命更重要,我宁可自己没命,也不能看着你死!"

年轻母亲舍身救儿

2004年8月27日下午,沈阳市五里河公园5岁的男孩童童掉进"鲨鱼触摸滩"中的露天鲨鱼池中。35岁的母亲刘燕当时顾不上将手上的相机和肩上的背包放下,直接跳入鲨鱼池中将儿子救出。刘燕在接受采访时只说了一句话:"儿子就是妈妈的全部。"

亲爱的宝贝,如果你能活着,一定要记住我爱你

2008年5月12日发生了汶川大地震,在那一天,许许多多幸福的家庭被拆散了,其中就有这么一个三四个月大的小宝贝永远地失去了妈妈。在被救援队发现时,这位年轻妈妈已经没有了生命的迹象,但是妈妈紧抱着一个三四个月大的婴儿蜷缩在废墟中,她低着头,上衣向上掀起。怀里的女婴依然惬意地含着母亲的乳头,吮吸着,红扑扑的小脸与母亲沾满灰尘的双乳形成了鲜明的对比。

救援医生解开包裹孩子的被子准备给孩子做检查时,发现有一部手机塞在被子里。医生看到了一条已经写好的短信:"亲爱的宝贝,如果你能活着,一定要记住我爱你。"手机在现场传递着,每个看到短信的人都落泪了。

谈一谈

从上面的故事里,你想到了什么?请谈一谈。

_____

_____

_____

_____

小编寄语 父母的爱是无私的,是不求回报的。为了自己的孩子,父母随时愿意付出他们的一切,哪怕是生命。所以,我们怎能因为父母的训斥或者一时的不顺心而责怪父母不爱我们呢?

听一听

歌曲欣赏:《天亮了》(演唱:韩红)

讲一讲

父母为我们做了很多很多,请讲一讲你与父母之间最让你感动或者最难忘的一件事。

_____

_____

_____

_____

人文素养

小编寄语 羔羊跪乳,乌鸦反哺,中华儿女孝父母。在漫长的成长岁月中,父母为了给我们撑起那片天空,他们的手粗了,背弯了,为我们付出了许多许多。也许,同学们不是不知道父母对我们的好,不是不懂得父母对我们的爱,只是我们认为这种爱和付出是理所当然的,常常在他们的严厉、刻板、唠叨中遗忘了亲情这个心底最柔软的角落。也许要到我们为人父母时,回首往昔才会明白今时今日的任性、叛逆与父母为我们的付出比较起来是多么的渺小和微不足道。

请同学们好好地呵护你心底那个柔软的角落——亲情的可贵需要我们和父母共同的爱与理解来浇灌,才能盛开出美丽的花朵。

测一测

你关心父母吗?

(1)你知道爸爸的生日吗?

(2)你知道妈妈的生日吗?

(3)你知道爸爸妈妈每天都在忙什么吗?

(4)在你成长的岁月里,你有没有给爸妈洗过一次手或洗过一次脚?

(5)你有没有给你那非常劳累的爸爸妈妈捶过一次背呢?

(6)你爱爸妈吗?

(7)你为爸妈做过什么?

(8)如果马上就是父亲节或者母亲节,你打算如何给爸妈一个节日的惊喜?请把你具体的想法或者想做的事情写下来,最后再跟其他同学分享。

诵一诵

朗诵:《感恩》

有一个词语最亲切,

有一声呼唤最动听,

有一个人最要感谢,

她就是——妈妈,

他就是——爸爸。

妈妈的手粗了,她把温柔的抚触给了我;

爸爸的腰弯了,他把挺直的脊梁给了我;

妈妈的双眼花了,她把明亮的双眸给了我;

爸爸的皱纹深了,他把美丽的青春给了我。

聆听妈妈殷切的话语,面对爸爸深沉的目光,

我们早已习惯了这种关爱,并且认为理所当然。

渐渐忘记了感动,忘了说声谢谢。

是啊,

父母的爱像一杯浓茶,需要我们细细品味。

如果母亲的真情,点燃了我们心中的希望,

那么父亲的厚爱,将是鼓起我们远航的风帆。

父母的爱说不完、道不尽,

所有的恩情我们铭记于心。

多少次带着幸福的感觉进入梦乡,

多少回含着感动的泪花畅想未来,

我们滋润着人间的真情成长。

常怀感恩之心的人是最幸福的,

常怀感激之情的生活是最甜美的,

感激的话千言万语,汇成一句"谢谢"。

小编寄语 孝敬父母是中华民族的传统美德,是做人最基本的道理。一粒明矾进入水中可以吸附水中的杂质,一棵感恩的种子埋入心中,必将净化心灵。有人曾提出这样一个问题:"世界上最不能等待的事情是什么?"世界首富伟大的慈善家比尔·盖茨是这样回答的:"世界上最不能等待的事情就是孝敬父母。(I think things can not wait for the most filial piety is.)"希望同学们能记住这句话:"树欲静而风不止;子欲养而亲不待。"珍惜每一分每一秒,珍惜你身边的每一个机会,去感恩你的父母,其实父母并不需要我们以后轰轰烈烈地去为他们做什么大事,而是要求我们从现在做起,从点滴做起。让我们懂得感恩,懂得说声谢谢。

四、活动总结

_____

_____

_____

_____

活动二 尊敬师长

一、活动目标

(1)增进学生与老师之间的感情。

(2)学生理解老师,感恩老师。

二、活动导航

秋高气爽节日到,落叶翩翩来祝贺。

校园处处喜洋洋,辛勤园丁好快乐。

这首诗说的是什么节日?

公历 9 月 28 日是孔子诞辰日,国务院法制办公布《教育法律一揽子修订草案(征求意见稿)》提出拟将教师节由 9 月 10 日改至这一天。网络问卷调查显示，这项计划得到了近七成网友的支持。孔子是"万世师表"，他与弟子们其乐融融，留下了"孔颜之乐"的佳话。孔子有言："知之者不如好之者，好之者不如乐之者。"教导学生成为"乐之者"，老师有责。从教者应该遵循教育规律，与时俱进积极学习先进的教育理念，运用科学的教学方法，从学业、品行、心理等方面关心、引导学生，带动学生快乐学习、健康成长。只有学生们快乐了，老师们才能拥有真正的快乐。

三、活动体验

谈一谈

回忆师恩

在和老师朝夕相处的日子里，老师给你留下的印象是什么样的？谈一谈你和老师之间的故事。

_____

_____

_____

说一说

我言我师

请你用一句话对本学期不同课程的任课教师进行评价。

_____老师，一句话评价：_____

_____老师，一句话评价：_____

_____老师，一句话评价：_____

_____老师，一句话评价：_____

_____老师，一句话评价：_____

_____老师，一句话评价：_____

_____老师，一句话评价：_____

_____老师，一句话评价：_____

_____老师，一句话评价：_____

_____老师，一句话评价：_____

猜一猜

我秀我师

老师与同学们朝夕相处，同学们对老师的印象也各不相同。在表演秀的时间里，同学们根据老师们平时的一举一动，竭尽所能地模仿自己的老师。

表演规则：

(1)将班级分为若干小组，为每个组随机抽取一位老师的名字，小组之间讨论并选出一名同学上台进行角色扮演,模仿老师的一言一行,其他小组同学竞猜老师的名字。

(2)对最快猜对的小组给予适当奖励。

听一听

歌曲欣赏:《长大后我就成了你》

谈一谈

(1)如果你是一名老师,遇到学生不好好听课上课玩手机的情况,你会怎么做?

_____

_____

(2)如果学生上课吃东西,你会怎么做?

_____

_____

(3)如果你的学生考试成绩总是不及格,作业又不写,你怎么办?

_____

_____

(4)如果你的学生犯了严重的错误,你又该怎么办? 你为什么要这么做?

_____

_____

查一查

以前你有哪些不尊敬老师的行为? 今后应该怎么做?

_____

_____

_____

_____

做一做

制作教师节贺卡

制作要求:

(1)根据班级任课老师的人数将全班分为若干小组。

(2)每个小组事先准备好彩色纸、笔、剪刀、胶水等工具。

(3)小组独立设计完成一张教师节贺卡,并写上对老师的祝福语。

四、活动总结

_____

_____

_____

_____

活动三　感恩社会

一、活动目标

感悟社会的给予,珍惜眼前拥有的一切。

二、活动导航

感恩是一种心态,感恩的表现是快乐地生活、无私助人、凡事不强求回报地付出、用爱心对待每一个人……

三、活动体验

写一写

(1)你参加过哪些志愿者活动?

_____

_____

_____

(2)你做过哪些帮扶他人的事情?

_____

_____

_____

_____

想一想

感恩社会,回馈社会,我们应该怎么做?

_____

_____

_____

填一填

感恩___医生___,是他让病人摆脱病痛的折磨_____。

感恩_____,是他_____。

感恩_____,是他_____。

感恩_____,是他_____。

感恩_____,是她_____。

感恩_____,是她_____。

感恩_____,是她_____。

感恩_____,是她_____。

感恩_____,是它_____。

感恩_____,是它_____。

感恩_____,是它_____。

唱一唱

歌曲:《感恩一切》

感恩每一滴水珠,它把我来滋养;感恩每一支花朵,它带给我芬芳;

感恩每一朵白云,编织我的梦想;感恩每一缕阳光,托起我的希望。

感恩啊感恩,感恩的心儿多么虔诚;感恩啊感恩,感恩的歌儿用心吟唱。

感恩亲爱的父母,给予了我生命;感恩敬爱的老师,教会了我成长;

感恩帮助过我的人,使我感受善良;感恩伤害过我的人,让我学会坚强。

感恩啊感恩,感恩的心儿多么虔诚;感恩啊感恩,感恩的歌儿用心吟唱。

小编寄语 感恩是一种文明,是一种品德。"人能感动,就能幸福",其实快乐就在你的心田。拥有一颗感恩的心,不仅是感谢爱过我们和帮助过我们的人,而且是在心存感激的同时,以同样的爱意和热情去回报周围的人,回报生活和社会。

四、活动总结

_____

_____

_____

_____

_____

活动四 心系大众

一、活动目标

让学生在心灵上受到一次震撼和洗礼,在行为上有所体现。

二、活动导航

观看视频:《贫困山区的孩子们》

很多贫困山区的孩子,没有书读,没有饭吃,没有衣穿,没有地方住,过着惨不忍睹的生活。

想一想

与这些贫困山区的孩子相比,是谁给我们创造了幸福生活和舒适环境?

_____

_____

三、活动体验

说一说

我们一家人开开心心地在家享受春节的快乐团圆时,还有谁默默地坚守在工作岗位上,确保新春佳节和平安宁?

_____

_____

_____

读一读

一杯牛奶的故事

一天,一个贫穷的小男孩为了攒够学费正挨家挨户地推销产品。饥寒交迫的他摸遍全身,却只有一角钱。于是他决定向下一户人家讨口饭吃。然而,当一位美丽的年轻女子打开房门时,这个男孩却有点不知所措。他没有要饭,只乞求给他一口水喝。这位女子看到小男孩饥饿的样子,就倒了一大杯牛奶给他。小男孩慢慢地喝完牛奶,问道:"我应该付多少钱?"年轻女子微笑着回答:"一分钱也不用付,我妈妈教导我,施以爱心,不图回报。"男孩说:"那么,就请接受我由衷的感谢吧!"说完,小男孩就离开了这户人家。此时的他不仅自己浑身是劲儿,而且相信未来会更美好。

数年之后,那位女子得了一种罕见的重病,当地医生对此束手无策。最后,她被转移到大城市医治,由专家会诊治疗。大名鼎鼎的霍华德·凯利医生也参加了医疗方案的制订工作。当他听到病人来自的那个城镇的名字时,一个奇怪的念头霎时间闪过他的脑际。他马上起身直奔她的病房。身穿手术服的凯利医生来到病房,一眼就认出了这个女子。回到会诊室后,他决心一定要竭尽所能来治好她的病。从那天起,他就特别关照这个曾对自己有恩的病人。

经过艰苦的努力,手术成功了,凯利医生要求把医药费通知单送到他那里,他看了一下,便在通知单的旁边签了字。当医药费通知单送到女子病房时,她都不敢看,因为她确信,治病的费用将会用她的整个余生来偿还。最后,她还是鼓起勇气翻开了医药费通知单,旁边的那行小字引起了她的注意,她不禁轻声读了出来:"医药费已付:一杯牛奶。霍华德·凯利。"

喜悦的泪水溢出了她的眼眶,她默默地祈祷着:"谢谢你,上帝,你的爱已通过人类的心灵和双手传播了。"

谈一谈

你从这个故事里,得到什么启示?

_____

_____

_____

_____

四、活动总结

_____

_____

_____

_____

人
文
素
养

模块三　学习拓展

一、自我实现

(1)把你最想对爸爸妈妈说的一句话写在一张心形的卡片上送给他们。

(2)亲手制作教师节贺卡送给老师,并写上祝福语。

(3)组织全班同学开展一次"尊老爱幼"活动。

(4)组织全班同学开展一次"爱护环境"活动。

二、力行评价

《弟子规·入则孝》力行评价表

序号	主题	分值	力行内容				力行评价		
							好	一般	差
1	孝听教	15	父母呼　应勿缓　父母命　行勿懒 父母教　须敬听　父母责　须顺承						
2	孝亲身	20	冬则温　夏则清　晨则省　昏则定 亲所好　力为具　亲所恶　谨为去 亲有疾　药先尝　昼夜侍　不离床						
3	孝亲心	30	出必告　反必面　居有常　业无变 事虽小　勿擅为　苟擅为　子道亏 物虽小　勿私藏　苟私藏　亲心伤 身有伤　贻亲忧　德有伤　贻亲羞						
4	孝爱憎	10	亲爱我　孝何难　亲憎我　孝方贤						
5	孝规劝	15	亲有过　谏使更　怡吾色　柔吾声 谏不入　悦复谏　号泣随　挞无怨						
6	孝亲故	10	丧三年　常悲咽　居处变　酒肉绝 丧尽礼　祭尽诚　事死者　如事生						
合　计		100	力行评价得分						
			总计得分						
总　评			等　级						

注:按分值标准,在"力行评价"的相应栏打单项分,最后计算出总计得分,评出等级:优80～100分;良70～79分;合格60～69分;不合格60分以下。

三、学习心得

要求:写一篇本单元学习后的心得体会(学习收获、存在问题、解决办法),字数不少于200字。

_____

_____

_____

四、智言慧语

(1)"夫孝,德之本,教之所由生也。"——《孝经》

(2)爱,应该是先知后行。

(3)幸福就是在快乐的时刻,一颗宁静之心对着世界微笑。

(4)"大学之道,在明明德,在亲民,在止于至善。"——《大学》

(5)中国式管理的核心内容是自我管理,实现自我管理的唯一途径是教化人心,教化人心的四大法宝是:信仰、信念、信心和信任。

(6)一个人炫耀什么,说明内心缺少什么。

(7)这个世界既不是有钱人的世界,也不是有权人的世界,它是有心人的世界。

(8)学习要加,骄傲要减,机会要乘,懒惰要除。

(9)爱物质没有错,但要适当,永远知道精神更重要,比那些名车、名牌、华丽时装更加美丽。

(10)人体自身拥有的 31 味心药,那就是开心、放心、专心、粗心、细心、忘心、记心、好心、救心、强心、富心、明心、觉心、宽心、信心、决心、热心、耐心、虚心、童心、诚心、爱心、有心、恒心、知心、苦心、铁心、贴心、动心、正心、静心。

(11)做人要大方、大气,不放弃!世界上没有绝对的公平,公平只在一个点上。

(12)那些私下忠告我们,指出我们错误的人,才是真正的朋友。

(13)永远不要跟别人比幸运,我从来没想过我比别人幸运,我也许比他们更有毅力,在最困难的时候,他们熬不住了,我可以多熬一秒钟、两秒钟。

(14)小胜凭智,大胜靠德。

(15)一个人智力有问题,是次品;一个人的灵魂有问题,就是危险品。经营人心就是经营事业。

第三单元

遵纪守法　　生态安全

模块一　经典文化

一、经典原文

弟子规·出则悌

兄道友	弟道恭	兄弟睦	孝在中
财物轻	怨何生	言语忍	忿自泯
或饮食	或坐走	长者先	幼者后
长呼人	即代叫	人不在	己即到
称尊长	勿呼名	对尊长	勿见能
路遇长	疾趋揖	长无言	退恭立
骑下马	乘下车	过犹待	百步余
长者立	幼勿坐	长者坐	命乃坐
尊长前	声要低	低不闻	却非宜
进必趋	退必迟	问起对	视勿移
事诸父	如事父	事诸兄	如事兄

二、经典解读

【字解】

友:关心,友爱。　　　　　　　　恭:恭敬,尊敬。

睦:和气,和睦。　　　　　　　　轻:轻视,小看。

怨:怨气,怨言。　　　　　　　　泯:消灭,消失。

即:立即,马上。　　　　　　　　见(xiàn):通"现",炫耀。

能:显能,好功。　　　　　　　　趋:快步,快走。

揖(yī):行礼问好。　　　　　　　乘(chéng):骑,驾。

下车(jū):古礼为下马或下车问候。　犹:还,退步。

余:多,剩。　　　　　　　　　　立:站立,站稳。

【译文】

　　我们首先要做到的就是跟兄弟姊妹和睦相处。做哥哥的要友爱弟弟,做弟弟的要恭敬自己的兄长,还有姊妹,彼此都要互相尊重,兄弟姐妹们和睦相处,父母看在眼里非常高兴,这样就是对父母的孝。对身外所用的钱财物品看轻点,少计较,兄弟间的怨仇就难以产生。平常在生活中讲话时不要太冲动,伤感情的话要能忍住不说,那么不必要的冲突怨恨就会消失无踪。

　　吃东西要请长辈先用;如果和长辈坐在一起,要请长辈先坐;如果和长辈走在一起,应让长辈先走,年幼者在后。长辈呼叫人时,自己听见了,要替长辈去传唤,如果所叫的人不在时,自己应当回来报告长辈,并进一步请问长辈,有没有需要帮忙的事情。

　　称呼长辈时,不可以直呼长辈的名字,那是不礼貌的行为;在长辈面前,不要表现或炫耀自己很有才能，藐视长辈。走路时遇见长辈，要赶紧走上前去行礼问候，如果长辈没和我们说话时，就先退在一旁恭恭敬敬地站着，让长辈先走过去。

如果自己是骑马的，遇到长辈就应该下马，如果乘坐车辆就应该下车，让长辈先过去，等待大约离我们百步的距离以后，自己才上马或上车。如果长辈还站着，年幼的我们不应先坐下来，如果长辈坐着，允许我们坐下时才可以坐下。

在长辈面前讲话，声音要低，但是回答的声音，低到听不清楚，那也不适当，要和颜悦色，声音要柔和清楚才好。进见长辈时走路要快点，动作表现得很有礼节，等到告退时，要慢慢退出。长辈问话时，要站起回答，不要东张西望。对待叔叔伯伯，要像对待自己的父亲一样恭敬，对待同族兄长，要像对待自己的胞兄一样友爱。

三、经典启迪

出则悌，"出"说的是走出家门以外，"悌"说的是如何处理好兄弟姊妹以及同辈亲友的关系。现在理解"出则悌"应当外延到与同学、同事、朋友、合作伙伴之间的相处之道，以及如何和长辈在一起的规矩。每个人在社会生活过程中，不仅需要与他人和谐共处，同时还需要遵纪守法，依法行事，依法保护自身合法权益，构建法治社会，我们也需要与大自然、其他物种和谐共处，保护生态，持续发展，努力构建生态和谐。

四、案例链接

案例1：孔融让梨

孔融小时候聪明好学，才思敏捷，巧言妙答，大家都夸他是神童。4岁时，他已能背诵许多诗赋，并且懂得礼节，父母非常喜爱他。一天，父亲的朋友带了一盘梨子，给孔融兄弟们吃。父亲叫孔融分梨，孔融挑了个最小的梨子，其余按照长幼顺序分给兄弟。孔融说："我年纪小，应该吃小的梨，大梨该给哥哥们。"父亲听后十分惊喜，又问："那弟弟也比你小啊？"孔融说："因为弟弟比我小，所以我也应该让着他。"孔融让梨的故事，很快传开了。小孔融也成了许多父母教育子女的好例子。

案例2：一只麻雀的故事

宁静的夏日午后，一座宅院内的长椅上，并肩坐着一对母子，风华正茂的儿子正在看报，垂暮之年的母亲静静地坐在旁边。忽然，一只麻雀飞落到近旁的草丛中，母亲喃喃地问了一句："那是什么？"儿子闻声抬头，望了望草丛，随口答道："一只麻雀。"说完继续低头看报。母亲点点头，若有所思，看着麻雀在草丛中颤动着枝叶，又问了声："那是什么？"儿子不情愿地再次抬头，皱起眉头："我刚才告诉过您了，妈妈，是只麻雀。"说完一抖手中的报纸，又自顾看下去。麻雀起飞，落在不远的草地上，母亲的视线也随之起落，望着地上的麻雀，母亲好奇地略一欠身，又问："那是什么？"儿子不耐烦了，合上报纸，对母亲说道："一只麻雀，妈妈，一只麻雀！"接着用手指着麻雀，一字一句大声拼读："m-a-麻！q-ue-雀！"然后转过身，负气地盯着母亲。老人并不看儿子，仍旧不紧不慢地转向麻雀，像是试探着又问了句："那是什么？"这下可把儿子惹恼了，他挥舞手臂比画着，愤怒地冲母亲大嚷："您到底要干什么？我已经说了这么多遍了！那是一只麻雀！您难道听不懂吗？"母亲一言不发地起身，儿子不解地问："您要去哪？"母亲抬手示意他不用跟来，径直走回屋内。麻雀飞走了，儿子沮丧地扔掉报纸，独自叹气。过了一会儿，母亲回来了，手中多了一个小本子。她坐下来翻到某页，递给儿子,指着其中一段,说道:"念!"儿子照着念起来:"今天,我和刚满三岁的小儿子坐在公园里,一只麻雀落到我们面前,儿子问了我 21 遍'那是什么',我就回答了他 21 遍'那是麻雀'。他每问一次,我都拥抱他一下,一遍又一遍,一点也不觉得烦,只是深感他的天真可爱……"老人的眼角渐渐露出了笑容,仿佛又看到往昔的一幕。儿子读完,羞愧地合上本子,强忍泪水张开手臂搂紧母亲,亲吻着她的面颊……

小编寄语 这是一个令人深思的故事。长辈对我们的爱伴随我们人生的每一步,而我们对长辈的尊敬和孝敬又做得怎样呢?"出则悌"里面的对长辈的孝敬和兄弟姐妹的爱包含了很多深刻的做人道理。也不是一个人一两天就能做到的,要长期坚持修炼,才能做好。

思考:同学们回忆一下自己在成长的过程中,长辈和兄弟姐妹们对你的爱有哪些? 每个人写下来,下次上课时小组派代表发言,大家共同分享爱的感受。

_____

_____

案例3:球场碰撞引发命案 高中生被斩双手死于非命
2011 年 10 月 8 日 19 时许,被害人吴某(男,18 岁,就读长春市某高中)在位于长春市东岭南街某会馆内和另外两名同学打篮球时,与郝某(男,17 岁,学生)发生肢体冲突,因言语不和,双方发生撕扯打斗,在扭打过程中郝某眼角受伤,给自己的父母打电话求援。郝某父亲到达现场后,打电话纠集 40 余人来到现场,对被害人吴某及其同学进行殴打,将吴某左右手臂全部砍断致重伤,经送医院抢救无效后死亡。

思考:吴某的青春年华是如何被血腥地戛然而止? 如果是你,在篮球场上或日常生活中,和他人发生冲突后应该如何处理?

_____

_____

_____

小编寄语 《弟子规》有云:"财物轻,怨何生;言语忍,忿自泯。"就是教导我们,要有广阔的胸襟,忍一时风平浪静,退一步海阔天空。忍让宽容、博大的胸怀并不是懦弱无能的表现,而是强者的风范。《道经》第八章有云:"上善若水,水善利万物而不争。处众人之所恶,故几于道。居善地,心善渊,与善仁,言善信,政善治,事善能,动善时。夫唯不争,故无尤。"水,无色无味,看似无形无力,却又有毁天灭地之霸气,然而它使万物得到它的利益,而不与万物发生矛盾、冲突,这就是博大胸襟的体现。

人文素养

模块二　学习活动

活动一　法制教育

一、活动目标

(1)认识违法犯罪的危害,达到预防犯罪的目的。

(2)通过案例,明白交友须谨慎。

(3)加强法制教育宣传,增强自我保护意识,养成学法、懂法的好习惯。

二、活动导航

观看视频:《人生不定格》

人生就像风景,入了视野,却不能定格。有些路,通往哪里并不重要,重要的是你会在路上看到什么样的风景。生命是一团欲望,欲望不满足便痛苦。期望愈大,失望便愈大。登山时,看到走得最苦最累的往往是那些背着大包小包的人。试想,人生便如登山,减省一分,便超脱一分。欲求太多,便如负重登山者,苦不堪言,更别说享受那一目千里的美景了。

看完视频后,你有什么感想?

_____

_____

_____

_____

三、活动体验

读一读

案例1:一条围巾撕裂6户家庭

2013年2月,杭州高中生阿红与同学阿洁因一点小矛盾发生争吵。2月17日那天,怀恨在心的阿洁纠集其他4人,将阿红骗至阿华家中,用围巾将阿红勒死,随后弃尸野外。这起命案不仅毁了6个孩子的前途,还撕裂了6户家庭。

案例2:网络杀手

唐某和古某是在网络游戏中认识的网友。由于古某在网络游戏中杀死了唐某的朋友并抢了唐某在游戏中的老婆,两人在游戏中又多次厮杀,唐某总是失败,终于在被古某杀死23次之后,唐某决定叫上几个平时一起玩网络游戏的兄弟去找现实中的古某,好好教训他一顿。最终古某倒在了血泊之中。

谈一谈

(1)我国法律法规日趋完善,我们身边无处不存在法律的气息,如《中华人民共和国未成年人保护法》《中华人民共和国教育法》《中华人民共和国教师法》《中华人民共和国消费者权益保护法》《中华人民共和国刑法》《中华人民共和国民法通则》等。案例中的阿洁、唐某违反了哪些法律法规?

_____

_____

_____

(2)阿洁、唐某的犯罪行为带来了哪些伤害?

_____

_____

_____

看一看

观看视频:《青少年犯罪之八大必惩》

近年来,青少年犯罪率居高不下,引发全社会广泛关注,其中 14~16 岁少年犯罪更为突出,并呈现越来越低龄化的趋势。关于如何对这个年龄阶段的人群量刑的问题,法律中有明确规定……

写一写

(1)请你根据视频内容写出青少年犯罪之八大必惩行为。

_____

_____

_____

(2)前述案例中的阿洁、唐某属于哪种犯罪行为? 会受到什么样的惩罚?

_____

_____

_____

想一想

下列这些行为,哪些是不良行为? 哪些又是违法行为?
(1)旷课、夜不归宿。
(2)携带管制刀具。
(3)打架斗殴、辱骂他人。
(4)强行向他人索要财物。
(5)偷窃、故意毁坏财物。
(6)参与赌博或变相赌博。
(7)观看、收听色情淫秽音像制品等。
(8)进入法律法规规定未成年人不适宜进入的营业性歌舞厅等场所。

(9)纠集他人劫场滋事,扰乱治安。

(10)吸毒、买卖毒品。

小编寄语 青春是靓丽的,也是娇嫩的。同学们正处在人生的重要阶段,让青春绚丽多彩是我们大家所期望的。如何更好地进行自我保护和防范呢?答案是知法、守法、用法。俗话说:"没有规矩,不成方圆。"宇宙中的日月星辰都在按照各自的轨道运行,否则就会发生天体大碰撞;马路上的车辆必须遵守交通规则,不然就会发生交通事故。我们生活在社会中,必然也要受到法律的约束,任何人在任何情况下一旦违犯法律,就会被追究法律责任。

四、活动总结

_____

_____

_____

活动二 与法同行

一、活动目标

(1)增强法制观念,不做法律禁止的事。

(2)用恰当方式方法面对违法犯罪行为,保护自己。

(3)积极妥善地帮助有不良行为的人。

二、活动导航

观看微电影:《回来》

你认为片中的主人公小波,最终走向犯罪道路的原因是什么? 从片中你领悟到什么道理?

_____

_____

_____

三、活动体验

看一看

观看视频:《无处安放的青春:青少年犯罪新趋势》

议一议

青少年走向犯罪道路与日常的不良行为之间有什么样的关系?

_____

案例分析

一个考试不及格的学生因为害怕第二天的家长会，很晚才回到家。回家之后，父亲知道他成绩很差，就辱骂他，他与父亲顶撞之后离家出走。

思考：你是怎样看待故事中的父子俩的做法的？父子二人的行为是否违法？如果是你遇到了案例中的事情，你会如何处理？

_____

_____

演一演

主要剧情："这是我的地盘，赶紧把钱拿出来，不然有你的好看。"边说边举起手中的刀和仿真枪。不到18岁的王某和三个伙伴组成了一个小团体，除去上网外，他们就是在距学校门前一百多米处拦截学生要钱，不给就打，甚至动手搜身、抢夺。一旦上网将抢来的钱花尽，他们便又开始针对学生下手。

问题：王某与伙伴的行为是一种什么性质的行为？有什么特点？要承担什么法律后果？

_____

_____

知识链接

一般违法与犯罪的区别与联系

	含　义	社会危害	触犯法律	处罚方法	二者联系	启　示
一般违法	民事违法和行政违法行为的情节轻微，对社会危害不大，触犯了刑法以外的法律	一般违法行为情节轻微，对社会危害不大	①民事违法行为违反了民法通则、消费者权益保护法；②行政违法行为违反了治安管理处罚法、义务教育法、劳动法等	①民事违法要承担民事责任；②行政违法行为要受到行政制裁	一般违法与犯罪在本质上是一致的，二者有着密切联系：①二者都是违法行为，都违反了国家的法律、法规，只不过程度不同而已；②二者都具有社会危害性，都在不同程度上损害了国家和人民的利益，本质上是一致的	一般违法与犯罪的联系说明，一般违法与犯罪之间没有不可逾越的鸿沟，小错不断，大错不犯的思想是错误的和危险的，一个人不注意防微杜渐就有可能由小错发展到违法犯罪。所以，青少年要注意从小树立纪律意识，增强法制观念，自觉守法、护法，做"四有"新人
犯罪	犯罪是指违法情节严重，对社会危害很大，触犯刑法并依法应受到刑罚处罚的行为	犯罪具有严重的社会危害性，属于严重违法	触犯了刑律（刑法及有关犯罪的法律）	犯罪要受到刑罚处罚（包括主刑和附加刑）		

想一想

案例1:在星期五放学回家的路上,小丽对小娟说妈妈这个星期给了她200元钱,还剩下几十元,想邀请小娟与她一起去买学习用品,正说着,突然闯出两个"混混",恶狠狠地叫她们把钱拿出来,小丽和小娟吓得直哆嗦,当"混混"威胁要用刀捅她们时,就乖乖地把钱物交给了他们。小丽和小娟与他们周旋,然后报警,两个"混混"终于被绳之以法。

案例2:8月的一个夜晚,19岁的高中毕业生小任在回家的路上,遇到两名歹徒抢劫手机。为此,这个"勇敢"的青年与两名歹徒展开了殊死搏斗。在搏斗的过程中,小任被歹徒刺中11刀,后不治身亡。

以上两个案例,两个不同的结果,你有何感想? 如果当你面对不法行为时,你会怎样去保护自己不受到伤害?

小编寄语 当我们面对不法行为侵害时,我们要依靠自己的智慧迅速而准确地做出判断,要采取机智灵活的方法与其做斗争。

当自己有能力将其制服时,当然要勇敢地同其搏斗;没有能力将其制服,可以采取"呼救法""周旋法""恐吓法"等及时脱身;万不得已,也要对可能出现的不同结果进行比较,两害权衡取其轻,争取把损失降到最小,保住最大的合法权益。

总之,青少年学会自我保护,不仅需要有保护自己的意识和勇气,也要有保护自己的智慧和方法。

帮一帮

下面画中的同学遇到了哪些险情? 你为他们脱离危险想好了哪些好的方法去帮助他呢?

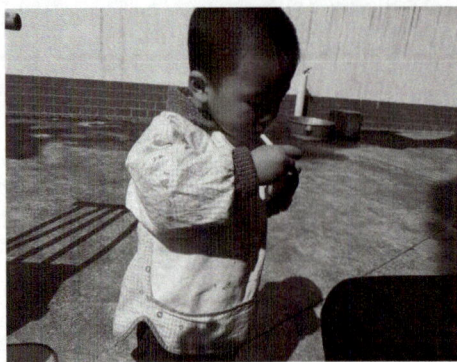

听一听

歌曲欣赏:《铁窗泪》

独白: 人生最大的悲剧,莫过于失去自由;人生最大的痛苦,莫过于失去亲人和朋友。我没有响亮的嗓音,也不具有动人的歌喉,但我有一颗诚挚的心,在这美好的夜晚,我要介绍这首我心中的歌,奉献给我的亲人和朋友。我曾站在铁窗前,遥望星光闪闪,那闪闪的星光就像妈妈的眼睛一样,让我低下头来悔恨难当。

铁门啊铁窗啊铁锁链,手扶着铁窗我望外边,外边的生活是多么美好啊,何日重返我的家园,何日重返我的家园。条条锁链锁住了我,朋友啊听我唱支歌,歌声有悔也有恨啊。伴随着歌声一起飞,伴随着歌声一起飞。

……

独白: 假如明天来临,假如能得到母亲的原谅,我将插上新生的翅膀,在蓝天白云下展翅高飞,自由地翱翔。假如明天来临,假如能得到朋友的理解,我将荡起生活的双桨,跑到母亲河长江的怀抱

四、活动总结

_____

_____

_____

_____

_____

_____

活动三　生态文明

一、活动目标

(1)了解万州及全国生态文明建设(渝东北生态涵养发展区)的进展情况。

(2)做人与自然和谐的积极倡导者,热爱自然、热爱生命。

(3)从小事做起,从我做起,养成低碳生活的良好习惯,争做生态文明建设的主人。

二、活动导航

观看几组照片

(一)大自然的景色

大连棒棰岛

珲春市防川村景色

美国旧金山海湾之天鹅戏水

美国旧金山之海鸥觅食

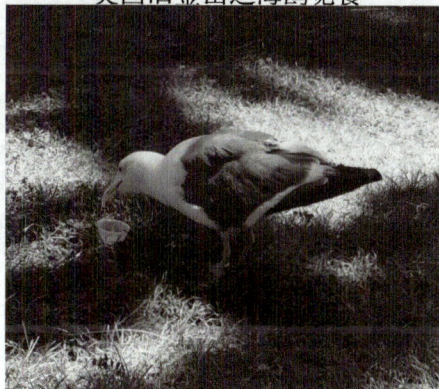

同学们,这样的景色美吗? 谈一谈你心中的美景。

_____

_____

(二)被污染后的景色

1. 水污染

2. 土地污染

3. 空气污染

　　同学们：对比两组照片，我们发现人类正在无休止地破坏大自然，这将是一件多么可怕的事情！因此，我们每个人要自觉做一个环保护卫者，成为国家生态文明建设的主人。

小编寄语　　生态文明是在人类历史发展过程中形成的人与自然、人与社会环境和谐统一、可持续发展的文化成果的总和，是人与自然交流融通的状态。它不仅说明人类应该用更为文明而非野蛮的方式来对待大自然，而且，在文化价值观、生产方式、生活方式、社会结构上都体现出一种人与自然关系的崭新视角。

三、活动体验

读一读

我是藏羚羊

　　我的家乡在青藏高原，那里有绿油油的草原，一座座微微起伏的小山坡，我和我的兄弟姐妹们常常在广阔的草原上自由自在地奔驰，生活乐极了。有时，一辆辆吉普车在草原上飞驰，我的同伴们便好奇地紧随其后，兴致勃勃地要跟车子赛跑。但我们却不知道，这时，正有一支支黑洞洞的枪口朝我们悄悄举起……许多不法分子想要猎取我们身上珍贵的皮毛，夺取我们头上美丽的羊角。

一天晚上,偷猎者们在无人区里拼命地追杀我们。我身旁的伙伴都支持不住了,一个个倒在血泊里。我好不容易逃了出来,可是在吃草的时候不小心踩中了坏人的陷阱,弄伤了脚。幸运的是,我被一位善良的小哥哥发现了。他救了我,把我养在家中,还帮我治疗脚上的伤。在他的精心照料下,我的伤渐渐好了,身体也一天天康复。我曾想过让小哥哥把我放回大自然中,可是,每当一想起那些黑洞洞的枪口和倒在血泊中的伙伴,我就感到害怕,于是我在小哥哥家里继续生活着。

然而,我并不能真正地安心,因为我无时不在为我那些不幸的伙伴们担心,我不知道它们是否还在被猎人追杀,我祝愿它们能幸福地生活。每天黄昏的时候,我站在门前,看着远远的落日,就想念我的家乡,思念着我的兄弟姐妹。那时,我真想大声呼吁:人类啊,放下你们的猎枪吧!不要为你们的利益,让我们从地球上过早地消失!我想早日回家!

知识链接

藏羚羊,是偶蹄目、牛科、藏羚属动物,大多生活在中国青藏高原(西藏、青海、甘肃、新疆),被称为"可可西里的骄傲"。群居,仅雄性有角,角黑色,基部近,长而略弯曲,前侧有棱状突起。躯干平直,四肢强健,尾短。体长 130~140 厘米,角长 50~65 厘米,体重 40~60 千克。身体颜色以淡褐色为主,被毛致密,雄性面部棕黑色,头顶及耳白色。下颌、颈部下方、腹部及四肢内侧毛色浅。藏羚羊是国家一级保护动物,也是列入《濒危野生动植物种国际贸易公约》中严禁贸易的濒危动物。狼是藏羚羊的主要天敌,秃鹫等猛禽对藏羚羊特别是初生藏羚羊的威胁很大。2008 年北京奥运会的吉祥物之中,福娃迎迎是以藏羚羊为蓝本。藏羚羊的物种习性非常符合奥运"更高、更快、更强"的精神,生态特点符合"绿色奥运、人文奥运、科技奥运"的北京奥运会理念。

说一说

从藏羚羊的自述中,同学们发现我们面临的环境问题有哪些? 如果藏羚羊绝迹了,将会给我们的生活带来怎样的影响? 我们的生存环境遭到了什么破坏?

_____

_____

_____

议一议

发展经济与生态环境保护哪个更重要?

头顶着蓝天白云,在清洁的河道里畅快游泳,田间地头盛产安全的瓜果蔬菜……这些是人类对生态文明最朴素的理解和对环境保护最起码的诉求。但是,随之而来的却是人们对自然的破坏和对资源的过度开发和消耗,使我们生存的环境越来越恶劣。

同学们是如何认识发展经济与生态环境保护之间的关系的?

生态环保知识问答

（1）我们的家乡万州属于重庆渝东北生态发展涵养区吗?

（2）世界地球日是什么时间?

（3）世界环境日是什么时间?

（4）我国目前面临哪些生态环境问题?

（5）请举出3个万州生态环境问题的案例。

（6）同学们打算怎样做生态环境保护的绿色使者?

生态环保绿色宣言

（1）为将万州建设成为渝东北生态发展涵养区而努力!

（2）环境保护是我的一项基本国策。

（3）保护环境造福后代。

（4）争做环保小卫士,共建环保模范城。

（5）创建绿色学校,美化学习环境。

（6）树立节水意识,反对浪费水资源。

歌曲欣赏:《爱在万州》

小编寄语 同学们,世界文学大师雨果说过:"大自然既是善良的慈母,同时也是冷酷的屠夫。"近年来,人类由于对环境不够珍惜,随心所欲,滥伐林木,滥建厂房,生存环境遭到了严重破坏,各种环境问题接踵而至:森林退化、沙尘暴扬、水土流失、洪水肆虐、火灾频发、噪声刺耳、臭气熏天、酸雨赤潮、臭氧空洞……空中烟囱林立,浓烟滚滚,河中死鱼漂荡,污水滔滔;地上垃圾遍布,废渣成堆……人为地破坏环境,无异于自掘坟墓。我们的地球是最美丽的,可是,不能让美丽的地球毁在我们的手中。同学们行动起来:保护环境、人人有责!

四、活动总结

人文素养

活动四　安全教育

一、活动目标

（1）列举家庭、学校、社会中存在的一些安全隐患，感悟生命的意义。

（2）通过媒体、图书、教师讲解等形式，引起学生高度重视安全问题，从而提高自我保护的意识和能力。

（3）掌握必要的安全常识，保护自身安全，健康成长。

二、活动导航

安全重于泰山，生命诚可贵。可生命有时也是脆弱的，任何一点点伤害都可能造成生命的残缺或终止。为此，生命的延续需要每个人的共同努力、珍惜、爱护，更需要有安全的保证。然而，我们赖以生存的世界，却不可能是绝对安全的。环境污染、地震、水患、火灾，还有那些人为因素造成的伤害等，诸如此类，那么多不安全因素无时无刻不在蚕食和威胁着人的生命！我们每一个人都必须懂得安全知识，掌握安全自救的方法，学会预防和应对各种灾难性事故，学会保护自己的生命。

三、活动体验

看一看

观看视频：《珍爱生命，安全第一》

议一议

同学们，看完这个视频后请列举出目前学校存在的哪些典型安全隐患。

目前学校存在的安全隐患有：

（1）学生集会、集体活动、课间活动的安全隐患。

（2）校园用电安全隐患。

（3）学生交通安全隐患。

（4）校园隐性伤害的隐患。

想一想

遇到上述安全隐患该怎么做？分小组讨论，小组派代表发言，共同分享躲避危险的方法。

_____

_____

_____

_____

1. 上下楼梯要注意什么？①不要因为赶时间而奔跑；②在人多的地方一定要扶好栏杆；③整队下楼时要与同学保持一定距离；④上下楼时不要将手放在衣服兜里；⑤不要在楼道内弯腰拾东西、系鞋带；⑥上下楼靠右行。

2. 集体活动中，要一切行动听指挥，遵守时间，遵守纪律，遵守秩序，语言文明。

3. 课间活动应当注意什么？①课间活动应当尽量在室外，不要远离教室，以免耽误上课，进出教室要有秩序、不要推挤；②活动的强度要适当，不要做剧烈的活动；③活动的方式要简便易行，如做课间操等；④要注意安全，切忌猛追猛打，要避免发生扭伤、碰伤等危险。

说一说

同学们，除了在校园内要注意安全以外，还有那些安全需要注意？分小组讨论，小组派代表发言，共同分享安全知识。

_____

_____

小编寄语　生活中，同学们在生活和学习中还要注意交通安全、消防安全、饮食安全、人身安全、财产安全。

看一看

观看视频：《交通安全》

同学们看了这个视频后，是否感受到遵守交通规则的重要性？如果不遵守交通规则会有什么后果？

_____

_____

_____

查一查

下列问题，同学们能答上来吗？

(1)《中华人民共和国道路交通安全法》什么时候开始实施的？

_____

人文素养

（2）我国交通法规定，必须是多大年龄才能驾车？

_____

（3）多少岁的孩子不能骑自行车上街？

_____

（4）属于非机动车的有哪些？

_____

（5）乘坐机动车正确的做法是什么？

_____

（6）交通信号灯黄灯持续闪烁，过往车辆、行人应该怎么办？

_____

小编寄语　交通安全顺口溜：①交通安全很重要，交通规则要牢记，从小养成好习惯，不在路上玩游戏；②行走应走人行道，没有人行道往右靠，天桥地道横行道，横穿马路离不了；③一慢二看三通过，莫与车辆去抢道。骑车更要守规则，不能心急闯红灯；④乘车安全要注意，遵守秩序要排队；头手不能伸出窗外，扶紧扶手莫忘记。

看一看

观看视频：《一居民楼房火灾》

同学们,看了这个视频后,是否感受到预防火灾的重要性? 如果生活中不注意防火会有什么后果?

_____

_____

_____

_____

考一考

同学们,当火灾来临时,大家应该怎么办? 正确的方法是:请看下面的漫画,掌握火灾发生时正确的逃生方法。

人文素养

火灾紧急疏散常识

1. 火灾袭来时要迅速逃生,不要贪恋财物。

2. 平时就要了解掌握火灾逃生的基本方法,熟悉工厂逃生路线。

3. 受当火势威胁时,要当机立断披上浸湿的衣物、被褥等向安全出口方向冲出去。

4. 穿过浓烟逃生时,要尽量使身体贴近地面,并用湿毛巾捂住口鼻。

5. 身上着火,千万不要奔跑,可就地打滚。

6. 遇火灾不可乘坐电梯,要向安全出口方向逃生。

比一比

安全知识判断题(对的打√,错的打×)

(1)新闻出版广播电视等有关部门,有进行消防安全宣传教育的义务。　　　　　(　　)

(2)防止火灾的基本措施包括控制可燃物,隔绝空气,消除着火源,阻止火势蔓延。

(3)扑救带电物体火灾时,应该用二氧化碳灭火器。　　　　　　　　　(　　)

(4)在校园内不准随意焚烧树叶、垃圾。　　　　　　　　　　　　　　(　　)

(5)学生不宜在教室或宿舍内用电炉煮东西或取暖。　　　　　　　　　(　　)

(6)不得经营和使用无卫生许可证、无产品检验合格及污染变质的食品添加剂。

　　　　　　　　　　　　　　　　　　　　　　　　　　　　　　(　　)

(7)不会游泳的人,千万不要单独在水边玩耍。　　　　　　　　　　　(　　)

(8)拒绝与陌生的网友见面。　　　　　　　　　　　　　　　　　　　(　　)

(9)乘坐出租车要在车停稳后从左边的门下车。　　　　　　　　　　　(　　)

(10)地震来临时,要马上冲出教室。　　　　　　　　　　　　　　　　(　　)

演一演

学生分组,对以下安全问题进行逃生演练。

(1)路过马路时,黄灯不停地闪烁,怎么过马路?

(2)地震来临时,同学们正在教室上课,怎么办?

(3)邻居家发生火灾了,你该怎么办?

(4)在地摊上买了零食就吃,吃后肚子痛,怎么办?

(5)几个同学在河边玩,一个同学不小心掉河里了,该怎么办?

(6)在夏天的晚上,走在草丛中,被毒蛇咬了,怎么办?

通过上述表演,每个小组总结出当不同的灾害来临时逃生的技巧和自救的方法。

青少年自我保护十九招

第 1 招:警惕"黄狼"入室。健康第一,高尚情趣。抗拒诱惑,抵制黄毒。

第 2 招:学会独处。独自在家,不必害怕,管好自己,安全潇洒。

第 3 招:现代居室内的安全。现代居室,空间有限,安全规则,牢记心间。

第 4 招:正确对待宠物。宠物可爱,不可迷恋,狂犬病毒,预防在前。

第 5 招:预防20世纪"新瘟疫"。艾滋病毒,可以预防,洁身自爱,永葆健康。

第 6 招:餐桌上,噎着怎么办。食物噎住,压腹咳出,细嚼慢咽,麻烦免除。

第 7 招:求助快速突击队。紧急危险,求助莫慢,快拨110,转危为安。

第 8 招:久戴耳机有害,注意保护听力。少用耳机,音量适度,轻松惬意。

第 9 招:"电老虎"屁股摸不得。电是老虎,不可糊涂,预防触电,请教父母。

第 10 招:火里逃生。防火须知,勿当儿戏,火警电话,不可忘记。

第 11 招:未成年少女自护。少女合群,防止无助,冷静机智,勇敢自护。

第 12 招:学会使用家电产品。家电便利,用前学习,合理使用,遵守规则。

第 13 招:谨防铅中毒。铅会毒人,慎选器皿,饮食防铅,处处小心。

第 14 招:把好你的健康之门。爱牙护牙,防止龋齿,断牙可植,就医及时。

第 15 招:注意厨房中的安全。厨房学艺,细心有序,边学边做,安全第一。

第 16 招:安全使用煤气。煤气危险,用毕即关,注意通风,防患未然。

第 17 招:不做小烟民。吸烟成瘾,疾病缠身,健康自尊,不做烟民。

第 18 招:面对校园暴力。不卑不亢,自卫适当;对症下药,人人舒畅。

第 19 招:学会用法律保护自己。学法懂法,依法行动;合法权益,应当力争。

四、活动总结

_____

_____

_____

_____

模块三　学习拓展

一、自我实现

（1）请同学们写一篇《我们与法制同行》演讲稿。

（2）以学习小组为单位制作一期安全手抄报。

（3）请同学们收集环保公益广告词。

（4）请同学们利用课余时间，以小组为单位清扫校园死角废旧垃圾，为环保尽自己的一份义务。

二、力行评价

《弟子规·出则悌》力行评价表

序　号	主　题	分　值	力行内容			力行评价		
						好	一般	差
1	同辈关系	20	兄道友　弟道恭　兄弟睦　孝在中 财物轻　怨何生　言语忍　忿自泯					
2	长幼有序	10	或饮食　或坐走　长者先　幼者后					
3	代长叫人	10	长呼人　即代叫　人不在　己即到					
4	尊长谦恭	10	称尊长　勿呼名　对尊长　勿见能					
5	遇长躬身	15	路遇长　疾趋揖　长无言　退恭立 骑下马　乘下车　过犹待　百步余					
6	长前坐立	10	长者立　幼勿坐　长者坐　命乃坐					
7	拜谒尊长	20	尊长前　声要低　低不闻　却非宜 进必趋　退必迟　问起对　视勿移					
8	父兄观念	5	事诸父　如事父　事诸兄　如事兄					
合　计		100	力行评价得分					
总　评		总计得分						
		等　级						

注：按分值标准，在"力行评价"的相应栏打单项分，最后计算出总计得分，评出等级：优 80 ~ 100 分；良 70 ~ 79 分；合格 60 ~ 69 分；不合格 60 分以下。

三、学习心得

要求：写一篇本单元学习后的心得体会（学习收获、存在问题、解决办法），字数不少于 200 字。

_____

_____

_____

四、智言慧语

（1）法律的基本原则是：为人诚实，不损害别人，给予每个人他应得的部分。

第三单元　遵纪守法　生态安全

(2)法律的目的是对受法律支配的一切人公正地运用法律,借以保护和救济无辜者。

(3)法律是一切人类智慧聪明的结晶,包括一切社会思想和道德。——柏拉图

(4)做好第一次并不难,难的是做好每一次。

(5)安全是生命的基石,安全是欢乐的阶梯。

(6)骄傲自满是事故的导火索,谦虚谨慎是安全的铺路石。

(7)多看一眼,安全保险。多防一步,少出事故。

(8)安全是幸福家庭的保证,事故是人生悲剧的祸根。

(9)智者成规范,愚者盲目干。

(10)一人把好方向盘,众人坐好平安车。

(11)只有服从大自然,才能战胜大自然。——达尔文

(12)大自然是善良的慈母,同时也是冷酷的屠夫。——雨果

(13)人们常常将自己周围的环境当作一种免费的商品,任意地糟蹋而不知加以珍惜。

(14)大地给予所有的人是物质的精华,而最后,它从人们那里得到的回赠却是这些物质的垃圾。

(15)非但不能强制自然,还要服从自然。

第四单元
文明礼仪　　遵守规则

模块一 经典文化

一、经典原文

弟子规·谨

朝起早	夜眠迟	老易至	惜此时
晨必盥	兼漱口	便溺回	辄净手
冠必正	纽必结	袜与履	俱紧切
置冠服	有定位	勿乱顿	致污秽
衣贵洁	不贵华	上循分	下称家
对饮食	勿拣择	食适可	勿过则
年方少	勿饮酒	饮酒醉	最为丑
步从容	立端正	揖深圆	拜恭敬
勿践阈	勿跛倚	勿箕踞	勿摇髀
缓揭帘	勿有声	宽转弯	勿触棱
执虚器	如执盈	入虚室	如有人
事勿忙	忙多错	勿畏难	勿轻略
斗闹场	绝勿近	邪僻事	绝勿问
将入门	问孰存	将上堂	声必扬
人问谁	对以名	吾与我	不分明
用人物	须明求	倘不问	即为偷
借人物	及时还	人借物	有勿悭

二、经典解读

【字解】

至:到。　　　　　　　　　　　　此:现在。

盥(guàn):洗漱间。　　　　　　　溺(niào):通"尿"。

辄(zhé):就要。　　　　　　　　履(lǚ):鞋子。

俱:都。　　　　　　　　　　　　顿:丢弃。

秽(huì):不干净,脏乱。　　　　　分(fèn):身份。

称(chèn):符合。　　　　　　　　拣:挑选。

践阈(yù):踩门槛。　　　　　　　跛(bǒ):像瘸子一样斜着身体。

倚(yǐ):支撑。　　　　　　　　　箕(jī):簸箕。

踞(jù):两腿分开。　　　　　　　髀(bì):大腿。

棱(léng):棱角。　　　　　　　　孰:谁。

僻(pì):荒诞不经。　　　　　　　倘:如果。

【译文】

早上要早点起床,晚上也别很早就睡觉。因为时光宝贵,转瞬即逝,应当好好珍惜和努力。(少壮不努力,老大徒悲伤;莫等闲,白了少年头,空悲切。)早晨起床后,务必洗脸、刷牙、漱口使精神清爽,有一个好的开始。大小便后,一定要洗手,养成良好的卫生习惯,才能确保身体健康。

要注重服装仪容的整齐清洁,戴帽子要戴端正,衣服扣子要扣好,袜子穿平整,鞋带应系紧,否则容易被绊倒,一切穿着以稳重端庄为宜。回家后衣、帽、鞋、袜都要放置在固定的定位,避免造成脏乱,要用的时候又要找半天。(大处着眼,小处着手,养成良好的生活习惯,是成功的一半。)穿衣服需注重整洁,不必讲究昂贵、名牌、华丽。穿着应考量自己的身份及场合,更要衡量家中的经济状况,才是持家之道。(不要为了面子,更不要让虚荣心做主,无谓的开销就是浪费。)日常饮食要注意营养均衡,多吃蔬菜水果,少吃肉,不要挑食,不可以偏食,三餐常吃七八分饱,避免过量,以免增加身体的负担,危害健康。

饮酒有害健康,要守法,青少年未成年不可以饮酒。成年人饮酒也不要过量,试看醉汉疯言疯语,丑态百出,惹出多少是非?(论语:"食不厌精,脍不厌细。"夫子劝勉我们:食物不要过分讲求精美,烹调不要过分要求细致。)走路时步伐应当从容稳重,不慌不忙,不急不缓;站立时要端正有站相,须抬头挺胸,精神饱满,不可以弯腰驼背,垂头丧气。(立如松,行如风,坐如钟,卧如弓。)问候他人时,不论鞠躬或拱手都要真诚恭敬,不能敷衍了事。进门时脚不要踩在门槛上,站立时身体也不要站得歪歪斜斜的,坐的时候不可以伸出两腿,腿更不可以抖动,这些都是很轻浮、傲慢的举动,有失君子风范。

进入房间时,不论揭帘子、开门的动作都要轻一点、慢一些,避免发出声响。在室内行走或转弯时,应小心不要撞到物品的棱角,以免受伤。拿东西时要注意,即使是拿着空的器具,也要像里面装满东西一样,小心谨慎以防跌倒或打破。进入无人的房间,也要像有人在一样,不可以随便。做事不要急急忙忙慌慌张张,因为忙中容易出错,不要畏苦怕难而犹豫退缩,也不可以草率,随便应付了事。

凡是容易发生争吵打斗的不良场所,如赌博、色情等是非之地,要勇于拒绝,不要接近,以免受到不良的影响。一些邪恶下流,荒诞不经的事也要谢绝,不听、不看,不要好奇地去追问,以免污染了善良的心性。将要入门之前,应先问:"有人在吗?"不要冒冒失失就跑进去。进入客厅之前,应先提高声音,让屋里的人知道有人来了。如果屋里的人问:"是谁呀?"应该回答名字,而不是:"我,我!"让人无法分辨到底是谁。

借用别人的物品,一定要事先讲明,请求允许。如果没有事先征求同意,擅自取用就是偷窃的行为。借来的物品,要爱惜使用,并准时归还;别人借用你的东西,如果有,一定不要吝啬。

三、经典启迪

中国素以"礼仪之邦"著称于世,讲"礼"重"仪"是中华民族世代相传的优秀传统,从古到今,源远流长。21世纪以来,随着社会交往的日益扩大,文明礼仪更是成为交流、团结与合作的重要手段。青少年是祖国的未来,民族的希望,培养他们理解、宽容、谦让、诚实的待人态度和庄重大方、热情友好、礼貌待人的文明举止,是当前学校的重点工作之一。务实有效地开展文明礼仪教育,注重仪容仪表、塑造良好形象、遵守规则等为主要内容的思想道德教育是学校当前德育工作的重中之重。

四、案例链接

案例1:请另谋高就

一次某公司招聘文秘人员,由于待遇优厚,应者如云。中文系毕业的小李同学前往面试,她的背景材料可能是最棒的:大学四年中,在各类刊物上发表了 3 万字的作品,内容有小说、诗歌、散文、评论、政论等,还为六家公司策划过周年庆典,一口英语表达也极为流利,书法也堪称佳作。小李五官端正,身材高挑、匀称。面试时,招聘者拿着她的材料等她进来。小李穿着迷你裙,露出藕段似的大腿,上身是露脐装,涂着鲜红的唇膏,轻盈地走到一位考官面前,不请自坐,随后跷起了二郎腿,笑眯眯地等着问话。孰料,三位招聘者互相交换了一下眼色,主考官说:"李小姐,请下去等通知吧。"她喜形于色:"好!"挎起小包飞跑出门。几天后,小李就接到了被公司婉拒的消息。

案例 2:浓妆淡抹总相宜

王芳,某高校文秘专业高才生,毕业后就职于一家公司做文员。为适应工作需要,上班时,她毅然放弃了"清纯少女妆",化起了整洁、漂亮、端庄的"白领丽人妆":不脱色粉底液,修饰自然、稍带棱角的眉毛,与服装色系搭配的灰度高偏浅色的眼影,紧贴上睫毛根部描画的灰棕色眼线,黑色自然型睫毛,再加上自然的唇型和略显浓艳的唇色,虽化了妆,却好似没有化妆,整个妆容清爽自然,尽显自信、成熟、干练的气质。但在节假日,她又给自己来了一个大变脸,化起了久违的"青春少女妆":粉蓝、粉绿、粉红、粉黄、粉白等颜色的眼影,彩色系列的睫毛膏和眼线,粉红或粉橘的腮红,自然系的唇彩或唇油,看上去娇嫩欲滴,鲜亮淡雅,整个身心都备感轻松。心情好,自然工作效率就高。一年来,王芳以自己得体的外在形象、勤奋的工作态度和骄人的业绩,赢得了公司同事的一致好评。

讨论:

(1)案例 1 中的李小姐应聘为什么会失败?

_____

_____

(2)服装美的最高境界是外在美和内在美的统一,你对这个问题是怎样理解的?

_____

_____

_____

小编寄语　俗话说:"穿衣打扮,各有所爱。"意思是自己喜欢穿什么样的衣服那是个人的事情,与别人没有关系。但是,作为职场中的人来说,你的衣着却不仅仅是个人的事。因为,你的衣着要和你的职业身份相符合,身上所穿的衣服,不仅代表了自己的品位,还代表着单位的形象,代表着对别人的尊重。在社交场合,从某种意义上说,你的衣着就是一封无言的介绍信,向你的交往对象传递着各种信息,别人可以从你的衣着上看出你的品位、看出你的个性、甚至可以看出你的职业状况。意大利著名影星索菲亚·罗兰就深有感触地说过:"你的服装往往表明你是哪一类人物,它们代表着你的个性。一个和你会面的人往往自觉不自觉地根据你的衣着来判断你的为人。"莎士比亚也说过:"服装往往可以表现人格。"总之,穿衣是"形象工程"的大事。

案例3：面试中的尴尬

北京有一家著名的外资企业招聘员工，对学历、外语、身高、相貌的要求都很高。薪酬吸引着很多高素质的人才都来应聘。这些年轻人过五关斩六将，终于到了最后一关：总经理面试。这些年轻人心想：这很简单，只不过是走走过场罢了，准十拿九稳。没想到，这一面试就出问题。一见面，总经理说："我现在有事，必须出去十分钟，你们能不能等我？"年轻人说："没问题，您出去吧，我们等您。"老板出去了，所有人在里面，坐了一两分钟就站起来，然后看到办公室上面有一些文件，就把它翻开来；看完以后还相互交换。十分钟过去了，总经理回来了，说："面试已经结束了。""没有呀，我们还在等您呀。"老板说："我不在的这段时间，你们的表现就是面试，很遗憾，你们都没有被录取，因为，本公司从来不录用乱翻别人东西的人。"大家都愤愤不平，怎么可以这个样子？

小编寄语　没有规矩，不成方圆。世界上最可怕的力量是习惯，世界上最宝贵的财富也是习惯。有了好习惯，你一辈子都有用不完的利息；有了坏习惯，你一辈子都有偿还不了的债务。

议一议

看完上面的3个案例，同学们有什么启发？

_____

_____

_____

_____

模块二　学习活动

一、活动目标

（1）通过主题活动，明白仪容仪表的重要性，人人注重仪容仪表，塑造外在形象和内在修养，培养自己成为新时代所需要的气质年轻人。

（2）参与活动，通过团队合作，培养责任意识和乐于奉献的精神。

（3）提高收集和处理信息的能力、语言表达能力、分析和解决问题的能力、观察能力、合作能力、交往沟通能力以及创新能力。

二、活动导航

下面的打扮好看吗？你会这样打扮自己吗？你觉得这种打扮适合中职学生吗？为什么？

_____

_____

_____

_____

三、活动体验

（一）仪容仪表的重要性

仪容，通常是指人的外观、外貌。仪表是综合人的外表，它包括人的形体、容貌、健康状况、姿态、举止、服饰、风度等方面。

中国有"文质彬彬，而后君子"的古训，仪容仪表是个人涵养的外在表现。作为一名中职学生，良好的精神风貌更是必不可少，要体现出欣欣向荣的生机，展现青春特有的朝气。注重仪容仪表是自尊自爱的表现，仪容仪表虽是个人行为，但更是对别人的尊重，我们有义务让身边的人赏心悦目，有责任让别人视线里的风景更加美丽。

"清水出芙蓉,天然去雕饰",说的是自然之美,这种美不加雕琢、清新怡人,为人们所欣赏。然而,在如今的中职校园里,少部分学生在仪容仪表方面盲目攀比,过分追求时尚、前卫和张扬。他们喜欢"标新立异",刻意模仿一些成年人、影视、娱乐圈和游戏中的风格,穿戴装扮与自己的身份不相符合。例如,戴耳钉、穿鼻环、穿着怪异、化浓妆、涂口红、做指甲、烫发染发等。不雅的仪容仪表会直接影响学生的精神面貌,影响校园和谐、文明、健康向上的气氛,影响学生的学习和就业。现在很多用人单位,特别是服务行业,如旅游公司、商场、宾馆等,对工作人员的仪容仪表要求非常严格,如果中职毕业生不能达到相关要求,就不能给用人单位留下良好的第一印象,更不用说赢得青睐和录用了。造成这种现象的原因很多,教育起来也比较棘手,虽然这些只是个别现象,但如果老师不对他们进行辨别力和审美观的正确引导,会给本人和其他同学带来误导和不良影响。因此,我们应该引导和教导学生树立正确的审美观,形成良好的中职学生形象。

看一看

多媒体课件展示三组图片

第一组:中职学生各种奇装异服的图片。

第二组:中职学校校服形象的图片。

第三组:学生自己拍摄的最美个人形象照片(课前准备)。

讲一讲

分小组讨论看完这些图片后的感受,并选择出一组最喜欢的图片,讲一讲喜欢的原因及不喜欢的图片的原因。

_____

_____

_____

_____

_____

评一评

请评选出全班最美个人形象代表(男女生各一名)。

_____

_____

_____

_____

_____

(二)中职生仪容仪表规范

1. 头发(不染、不烫、干净、适合)

男同学:不得留长发,不得剃光头,不得染发、烫发,不理碎发,做到前不扫眉、旁不遮耳、后不过颈,不留怪发型。

女同学:要求理运动短发或扎马尾辫,前额流海不留齐眉,不得披头散发、烫发、染发,不理碎发,不梳怪发型。

女生标准发型如下图所示。

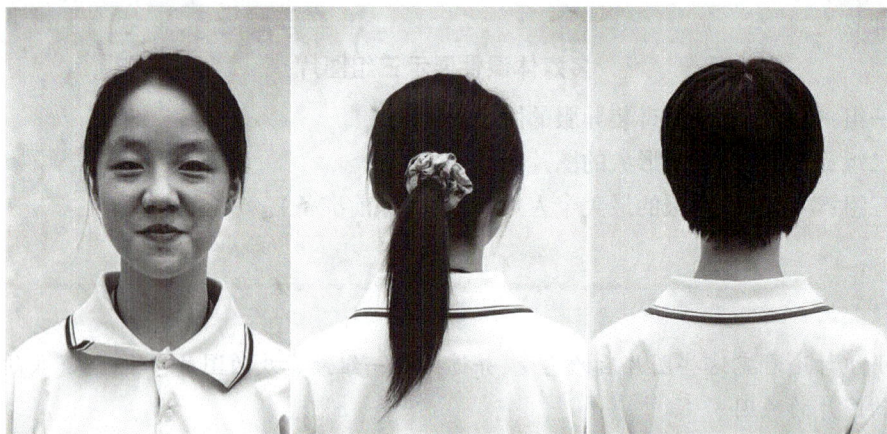

男生标准发型如下图所示。

2. 服饰

穿戴整洁、朴素、大方,不穿奇装异服,男、女生均不得穿拖鞋进入校园,女生不得穿高跟鞋。中职生服饰标准如下图所示。

3. 面容（清爽干净）

不涂脂抹粉,不画眉毛,不画眼线,不抹口红,不涂指甲油,不留长指甲,不佩戴耳环、项链、戒指、手镯、手链等饰物。

小编寄语　在与人交际的过程中,仪容仪表是一张没有文字却形象生动的名片。整洁的衣冠给人以舒服的感觉,好的第一印象至关重要。良好的仪容仪表,不仅体现着学生的气质,也有利于促进学习,良好的仪容仪表是良好学习氛围的保证。

从现在开始,做一个健康、美丽的学生。同学们,我们是美的发现者、创造者、传播者和实践者,那么,首先从仪容仪表上展现自己的美吧,以我们的实际行动树立良好的仪容仪表形象,让美永远伴随我们。

四、活动总结

_____

_____

_____

_____

活动二　形象塑造

一、活动目标

(1)理解自尊自信的重要性。

(2)把学到的塑造健康人格的方法运用到实践中去,从点滴和小事做起,塑造健康人格。

(3)尊重自己和他人,平等待人、真诚礼貌,珍惜自己的人格尊严。

二、活动导航

自尊自爱　提升人格魅力

义熙元年(公元405年)八月,已过"不惑之年"的陶渊明在朋友劝说下,最后一次出仕任彭泽县令。到任八十一天,碰到浔阳郡派遣督邮来检查公务,浔阳郡的督邮,以凶狠贪婪闻名远近,每年两次以巡视为名向辖县索要贿赂,每次都是满载而归,否则栽赃陷害。县吏说:"当束带迎之。"就是应当穿戴整齐、备好礼品、恭恭敬敬地去迎接督邮。陶渊明叹道:"我岂能为五斗米向乡里小儿折腰。"意思是我怎能为了县令的五斗薪俸,就低声下气去向这些小人贿赂献殷勤。说完,挂冠而去,辞职归乡。此后,他一边读书为文,一边躬耕陇亩。

陶渊明

想一想:陶渊明为什么能够做到"不为五斗米折腰"?

_____

_____

_____

三、活动体验

人最好的朋友是自己,最大的敌人也是自己,你喜欢自己所拥有的一切吗?你知道自己是一个什么样的人吗?你喜欢自己的形象吗?

_____

_____

_____

1. 正确认识自我

人在成长过程中,心理上会逐渐形成一幅自我的图像来定义自己,对自己的价值、智力、个性、品格、技能、外貌等做出评价。当自我形象定形后,便不容易改变,根据自我确定的图像活出自己的人生。当面临各种抉择时都会以此图像为依据,确信只能像这个样子。可见,良好的形象对个人成长及其人生的发展具有重要意义。中职生作为时代的主人,是国家建设的实用型人才,代表着青春与活力,充满智慧与力量。中职生的发展是社会发展的一个主流,其形象代表着祖国的未来。塑造良好的个人形象对当代中职生各方面的发展有着极大的促进作用。

孙武:"知己知彼,百战百胜。"老子:"知人者智,自知者明。"

古代哲人揭示了认识自我的重要性。在今天,对中职学生来说,要做自己人生的主人,首先要正确认识自我。

做一做

游戏:照镜子。

讲一讲

我是谁？让同学们讲一讲自己是一个什么样的人？（课前任务）

_____

_____

_____

小编寄语

（1）正确认识自我有助于明己之长，知己之短，确定符合自身发展的目标。

（2）正确认识自我有利于发掘自身潜能，不断提高自身素质，获得更大的自我发展空间，塑造崭新的自我。

2. 珍惜人格尊严、塑造健康人格

读一读

拿破仑·波拿巴，身高 162 厘米，法兰西第一共和国执政、法兰西第一帝国皇帝，他是一个杰出的军事天才，而且也是欧洲史上最伟大的人物之一。他不仅创造了法国历史，而且也创造了所有欧洲各国的历史。

乒乓球运动员邓亚萍身高 155 厘米，但她是乒乓球历史上最伟大的女子选手，先后获得 14 次世界冠军头衔，在乒坛世界排名连续 8 年保持第一，成为唯一蝉联奥运会乒乓球金牌的运动员，并获得 4 枚奥运会金牌。

说一说

谈谈我们应该如何珍惜自己的人格和尊严？

_____

_____

_____

_____

谈一谈

（1）同学们，自尊和自信应该建立在什么基础上？

_____

_____

_____

(2)对于中职学生来说,决定未来前途最关键的东西是什么?

_____

_____

_____

(3)自我反思,想想自己是不是一个拥有健康人格的人?

_____

_____

_____

_____

如何塑造健康的人格?

第一,要从小事做起,从一点一滴做起,培养正确的思想观念,良好的行为习惯,积极的生活态度,健康的情绪状态。

第二,通过广泛的社会实践来磨炼自己,促进健康人格的形成和发展。

第三,应该强化自我教育,发挥主观能动性,自觉地塑造、完善、健全自己的人格。

第四,世界上只有类似,没有完全相同的人格,既要把握人格形成与发展的规律,也要承认个体差异,不要用一个标准一种模式限定健康人格。

小编寄语 罗杰斯说:"具有健康人格的人是充分起作用的人。"弗洛姆也说过:"具有健康人格的人是创造性的人。除了生理需要,每个人都有各种各样的心理需要,这正是人与动物的重要区别。具有健康人格的人将以创造性的、生产性的方式来满足自己的心理需要。"

小链接

晏子使楚

晏子将要出使到楚国。楚王听到这个消息,对身边的侍臣说:"晏婴是齐国善于辞令的人,现在他正要来,我想要羞辱他,用什么办法呢?"侍臣回答说:"当他来的时候,请让我们绑着一个人从大王面前走过。大王就问:'他是干什么的?'我就回答说:'他是齐国人。'大王再问:'犯了什么罪?'我回答说:'他犯了偷窃罪。'"

晏子来到了楚国,楚王请晏子喝酒,喝酒喝得正高兴的时候,公差两名绑着一个人到楚王面前来。楚王问道:"绑着的人是干什么的?"公差回答说:"他是齐国人,犯了偷窃罪。"楚王看着晏子问道:"齐国人本来就惯于偷东西的吗?"

晏子离开了席位回答道:"我听说这样一件事:橘树生长在淮河以南的地方就是橘树,生长在淮河以北的地方就是枳树,只是叶相像罢了,果实的味道却不同。为什么会这样呢?是因为水土条件不相同啊。现在这个人生长在齐国不偷东西,一到了楚国就偷起来了,莫非

人文素养

楚国的水土使他喜欢偷东西吗?"

楚王笑着说:"圣人是不能同他开玩笑的,我反而自找倒霉了。"

想一想

作为 21 世纪的中国公民,我们应如何维护祖国的尊严。

_____

_____

_____

四、活动总结

_____

_____

_____

活动三 一日常规

一、活动目标

(1)通过"一日常规"主题活动,明白什么是习惯,并区分好习惯和坏习惯,知道好习惯对于人生的重要性。

(2)在具体的学习和生活中能将要求转化为自己的实际行动。

二、活动导航

打破束缚

一条小河静静地流淌着,河岸一直陪在它的左右,这样的日子过了很久。终于,有一天,河水再也无法忍受终日与河岸为伴的无聊生活。于是,河水决定冲破河岸的束缚,但是河水四溢,遇到砂石杂草黄土很快就干涸了,最终自己也走向了灭亡。

想一想:这个故事的寓意是什么?

_____

_____

_____

_____

三、活动体验

树立规则意识、养成良好习惯

在古典名著《西游记》中,孙悟空如果没有紧箍咒的束缚,就绝不可能随唐僧取得真经、修成正果。自由,是我们每个人都向往的,但是,自由并不意味着毫无约束,每个人都应该被一些规则和法律所约束。不以规矩,不能成方圆。追求自由的时候,不要忘记还有我们必须遵守的规则。尤其是我们中职学生,国有国法,家有家规,校有校纪。要让学生形成规则意识,懂得在学校和班集体中应该怎样做,不应该怎样做。

常规培养是学校教育活动中不可忽视的一部分,也可以说学校一日常规是中职学生成长、学习的基础前提。常规不仅是学生一日活动正常开展的保证,更是中职生健康成长的保证。在当今中职教育改革的思潮中,学生规则意识的培养更为重要。学生在学校不能像在家里那样随心所欲,想干什么就干什么,而要受集体规则的制约。因此,通过本次活动,要让学生形成规则意识,懂得在学校和班集体中应该怎样做,不应该怎样做。

那么,什么是学校一日常规呢?

谈一谈

以小组为单位讨论:中职生应该遵守哪些规则?

_____
_____
_____
_____

写一写

请写出自己在行为规范方面的好习惯和坏习惯。

_____
_____
_____
_____

读一读

课堂常规

(1)学生应在课前做好充分准备,端坐恭候老师的到来,欢迎老师授课。"起立!""同学们好!""老师好!"(老师回礼后,坐下)

(2)如果上课迟到,要特别注意举止的文明和礼貌。首先,应在教室门口停住步:"报告!""请进!"在走向座位时,速度要快,脚步要轻,迅速集中精力听讲。

(3)老师提问,学生应先举手,老师允许后方可起立回答,表情要大方,声音要清晰。"这节课就讲到这儿,下课!""起立!"

(4)上课时要严肃认真,专心听讲、积极思考,密切配合老师教学和管理,积极回答老师提出的问题。

（5）上自习课要保持安静，认真学习，不随便说话，不离开座位，更不能随意离开教室。

（6）值日生要随时保持教室整齐清洁，课间要及时将黑板擦干净。

课外常规

（1）学生穿着打扮要朴素大方、整洁、美观；不穿奇装异服，非特殊情况男生不得在校内穿无领无袖背心，不打赤脚；女生不烫发染发，不化妆，不佩戴不相宜的饰物。

（2）保持校园和教室内外卫生：不乱丢乱扔，不乱刻乱画，不随地吐痰，不边走边吃零食，不把食物带进教室；放学时，及时打扫教室、走廊、楼梯间等公共区域卫生，下课后要关好电灯和门窗。

（3）尊敬师长：见到老师要主动问好，与老师交谈态度要谦虚，对待同学要文明友好，不打架，不侮辱同学，同学有困难要乐于帮助。

（4）维持校园秩序：不擅自进入其他班级教室，不在走廊上大声喧哗，上下楼梯靠右行。

（5）不吸烟、不喝酒、不赌博、不涉毒涉黄、不进娱乐场所和游戏厅网吧。

生活常规

（1）遵守学校作息时间，按时起床，不迟到早退。

（2）文明就餐，不插队、不拥挤、不打闹、不浪费粮食，养成节约的好习惯。

（3）节约用水用电。

（4）上课期间不得随意外出，有特殊情况必须请假，不擅自留其他同学在本寝室住宿，不能夜不归宿。

做一做

游戏：一心二用

【游戏规则】：随意选两名同学在黑板上先用右手画圆形，再用左手画正方形，最后两只手同时分别画圆形和正方形。

【游戏感悟】

（1）你能完成两只手同时画圆形和正方形的任务吗？

_____

_____

_____

（2）这个游戏让我们明白了什么道理？

_____

_____

_____

_____

唱一唱

中职学生日常行为规范三字歌

自尊自爱	注重仪表			真诚友爱	礼貌待人		
坐立行	重举止	读写听	正姿势	礼貌语	普通话	讲场合	态度佳
着校服	仪大方	不化妆	忌长发	敬他人	遵民习	爱长幼	助残疾
不吸烟	不喝酒	不骂人	不斗殴	尊师长	听教导	规必循	矩必蹈
讲文明	讲卫生	爱集体	爱环境	同学间	交往端	待人宽	律己严
读书刊	看录像	唱歌曲	要健康	逢有客	要热情	邻有难	要支援
歌舞厅	游戏机	不染指	不迷恋	用物品	经允许	日记信	不偷看
拾钱物	要交公	防腐蚀	惜名声	人讲话	不打断	人学习	不扰乱
遇外宾	以礼待	不卑亢	不失态	守信用	重诺言	借钱物	及时还

遵规守纪	勤奋学习			勤劳俭朴	孝敬父母		
升国旗	唱国歌	站须直	帽须脱	生活上	有规律	学习上	有作息
做值日	要主动	讲卫生	保洁净	学独立	学自理	办事情	有头绪
爱校舍	爱公物	不损坏	不涂抹	勤收拾	勤洗衣	干家务	力能及
上课前	物备齐	下课时	师先离	惜零钱	少零食	讲节约	反阔气
课堂上	集精力	提问题	要积极	父母话	记心里	要孝敬	多沟通
惜时间	搞复习	正考风	不作弊	进家门	打招呼	未批准	不外宿
反浪费	爱粮食	节水电	服管理	帮父母	尊祖辈	和兄弟	爱姐妹
遇集合	要准时	专心听	守纪律	长辈言	利于行	有意见	勿顶碰

四、活动总结

_____

_____

_____

人文素养

活动四　和谐校园

一、活动目标

（1）了解校园里有哪些不和谐因素，思考分析其原因，并对学生进行教育，学习文明行为；通过活动增强学生独立自主发现问题、解决问题的能力。

（2）通过活动，认识自己的行为习惯，懂得文明礼仪的重要性，并在学习生活中不断改变和完善自己，做讲文明、知礼仪的好学生，为和谐校园的创建尽一份力。

二、活动导航

构建和谐校园诗歌

人人从我做起来，
要让大地绿起来，
要让天空蓝起来，
要让江河清起来，
要让空气净起来，
要让花儿开起来，
要让鸟儿唱起来，
要让环境好起来，
人人从我做起来。

读完这首和谐校园诗歌，我们想到了什么？

_____

_____

_____

三、活动体验

1. 校园不和谐因素

和谐校园是一种以内和外顺、协调发展为核心的素质教育模式，是以校园为纽带的各种教育要素的全面、自由、协调，整体优化的育人氛围，是学校教育与社会教育、家庭教育和谐发展的教育合力，是以学生发展、教师发展、学校发展为宗旨的整体效应。

如今，校园里有很多不和谐现象，比如乱骂脏话、从楼上倒水、乱扔垃圾、欺凌弱小、打架斗殴、食堂打饭不排队、不注意公共卫生、在公共场合随地吐痰、乱扔果皮等物、情侣在公共场合过分亲昵、就餐后不收拾餐具就离开或弄得桌上全是剩菜、浪费水电、课堂手机频响、浪费粮食、在宿舍大声喧哗影响他人休息、校园频繁丢失物品、在教室和走廊大声喧哗、在校园里抽烟、喝酒、在教室墙壁和课桌上乱写乱画、把零食带到教室里吃、随意践踏草坪，毁坏公共设施等。

> **看一看**

播放校园不和谐行为的视频和照片。

乱丢垃圾　　　　　　　　　打架斗殴　　　　　　　　　抽烟恶习

想一想

图片和视频中的这些行为对吗？你有过这些行为吗？如果有过,以后该怎么办?

_____

_____

_____

_____

造成这些不和谐现象的原因很多,如社会道德的缺失、不良社会风气、不良文化的影响、家庭教育方式不对及个人不注重道德素质修养,法制观念不强,心胸狭隘,自私自利。这些都直接影响着学生的身心健康发展。因此,构建和谐校园是大势所趋,迫在眉睫。

本着构建"和谐校园"的精神,针对学生道德品质中存在的问题,开展本次活动,让学生明白校园和谐的重要性,让大家多一份关爱,少一些固执,多一份真情,少一些矛盾,让校园生活中不和谐的音符通通消失。

2. 构建校园和谐的重要性

校园和谐是一个永恒的话题。学校是培养社会主义事业接班人的摇篮,是构建社会主义和谐社会的重要组成部分,创建和谐校园是构建和谐社会的必然要求,是维护校园稳定和促进学校全面协调发展的现实需要。为学生创造严谨规范的教学环境,创建健康向上的人文环境,营造浓厚、开放的学习环境,努力建设良好的教育环境,构建和谐校园。

谈一谈

校园里的不和谐现象对学校有什么不良影响?

_____

_____

_____

_____

人文素养

3. 让我们一起构建和谐校园

小链接

和谐校园的特征

（1）优美的校园环境，包括和谐、合理的校园空间，宽敞、明亮的教室，环保的建筑材料。

（2）优质的学习环境。校园规划设计"以人为本"，为学生提供安全、舒适、安静的学习环境和完备的配套教学设施，满足学生学习的需求。学生要爱护学习环境，真正做到"校园是我家，人人爱护它"。

（3）浓郁的文化氛围和良好的校园风气。和谐校园以其丰富的校园文化和良好的学习气氛吸引学生学习，陶冶学生性情。师生广泛参与校园活动，共建和谐家园。

（4）完善的管理体系。有明确的规章制度、文明公约等，通过制度的形式规范师生的行为，打造"和谐校园"。

（5）畅通的沟通渠道和资源共享的信息平台，加强学生与教师、教师与学校、学校与家长、学校与社会之间的沟通。

谈一谈

大家各抒己见，为我校的和谐校园建设提出宝贵建议：_____
_____
_____

想一想

为构建和谐校园，中职生自身应该怎么做？
_____
_____

构建和谐校园，"给无助的心灵带来希望，给稚嫩的双手带来力量，给蒙昧的双眼带来清明，给弯曲的脊梁带来挺拔，给卑微的人带来自信"。让你我携起手来，共建一个美丽和谐的校园。让我们在文明和谐的教育氛围中愉快地学习，让我们在文明和谐的兴趣乐园中陶冶情操，让我们在文明和谐的人际关系中健康地成长。

小编寄语　构建和谐校园需要我们大家共同的努力，任前方荆棘丛生我们将持之以恒。茫茫学海中，我们要做勇敢的水手，乘风破浪、共赴前程。用我们的智慧和勇气扬起理想的风帆，用我们的青春和生命奏响时代的强音。当我们抛弃了迷茫，把握了航向；当我们共同努力，不懈地摇桨，和谐校园的乐章终将奏响。花开的日子，让我们在和谐的教育氛围中愉快地学习；花开的日子，让我们在和谐的兴趣乐园中陶冶情操；花开的日子，让我们在和谐的人际关系中健康地成长。

四、活动总结

_____

_____

_____

_____

模块三　学习拓展

一、自我实现

(1)根据中职生仪容仪表要求,进行自我整改,改变不符合要求的穿着打扮。

(2)认清自我,完善自己的人格和尊严,做一个有健康人格的人。然后以小组为单位,针对同学们的形象问题进行一次自评和互评活动,并将评价结果记录下来。

(3)拟订一份日常生活和学习的行为规则承诺书。

(4)请同学们将校园里和谐的场景用手机拍摄下来,然后做成幻灯片,在课堂上进行展示。

二、力行评价

《弟子规·谨》力行评价表

序号	主题	分值	力行内容	力行评价		
				好	一般	差
1	起居	5	朝起早　夜眠迟　老易至　惜此时			
2	洗漱	5	晨必盥　兼漱口　便溺回　辄净手			
3	衣着	10	冠必正　纽必结　袜与履　俱紧切 置冠服　有定位　勿乱顿　致污秽 衣贵洁　不贵华　上循分　下称家			
4	饮食	15	对饮食　勿拣择　食适可　勿过则 年方少　勿饮酒　饮酒醉　最为丑			
5	行走	5	步从容			
6	站坐	10	立端正　勿践阈　勿跛倚　勿箕踞　勿摇髀			
7	待人	20	揖深圆　拜恭敬　入虚室　如有人 将入门　问孰存　将上堂　声必扬 人问谁　对以名　吾与我　不分明			
8	惜物	5	执虚器　如执盈			
9	接物	10	用人物　须明求　倘不问　即为偷 借人物　及时还　人借物　有勿悭			
10	处事	15	缓揭帘　勿有声　宽转弯　勿触棱 事勿忙　忙多错　勿畏难　勿轻略 斗闹场　绝勿近　邪僻事　绝勿问			
合计		100	力行评价得分			
总评			总计得分			
			等级			

注:按分值标准,在"力行评价"的相应栏打单项分,最后计算出总计得分,评出等级:优80~100分;良70~79分;合格60~69分;不合格60分以下。

三、学习心得

要求：写一篇本单元学习后的心得体会（学习收获、存在问题、解决办法），字数不少于200字。

_____

_____

_____

_____

四、智言慧语

(1) 良好的礼貌是由微小的牺牲组成。——爱默生

(2) 不学礼，无以立。——孔子

(3) 凡人之所以贵于禽兽者，以有礼也。

(4) 在宴席上最让人开胃的就是主人的礼节。——莎士比亚

(5) 无礼是无知的私生子。——巴特勒

(6) 礼仪，是聪明人想出来的与愚人保持距离的一种策略。——爱默生

(7) 人不能像走兽那样活着，应该追求知识和美德。——但丁

(8) 我深信只有有道德的公民才能向自己的祖国致以可被接受的敬礼。——卢梭

(9) 人有礼则安，无礼则危。——礼记

(10) 礼貌是人类共处的金钥匙。

(11) 礼貌是儿童与青年所应该特别小心地养成习惯的第一件大事。——约翰·洛克

(12) 礼貌使有礼貌的人喜悦，也使那些受人以礼貌相待的人们喜悦。——孟德斯鸠

(13) 礼者，人道之极也。——荀子

(14) 礼貌是最容易做到的事，也是最珍贵的东西。——冈察尔

(15) 礼仪是在他的一切别种美德之上加上一层藻饰，使它们对他具有效用，去为他获得一切和他接近的人的尊重与好感。——洛克

第五单元

立德立信　砺志耐挫

模块一　经典文化

一、经典原文

弟子规·信

凡出言	信为先	诈与妄	奚可焉
话说多	不如少	惟其是	勿佞巧
奸巧语	秽污词	市井气	切戒之
见未真	勿轻言	知未的	勿轻传
事非宜	勿轻诺	苟轻诺	进退错
凡道字	重且舒	勿急疾	勿模糊
彼说长	此说短	不关己	莫闲管
见人善	即思齐	纵去远	以渐跻
见人恶	即内省	有则改	无加警
唯德学	唯才艺	不如人	当自砺
若衣服	若饮食	不如人	勿生戚
闻过怒	闻誉乐	损友来	益友却
闻誉恐	闻过欣	直谅士	渐相亲
无心非	名为错	有心非	名为恶
过能改	归于无	倘掩饰	增一辜

二、经典解读

【字解】

言：言语，话语。

诈：假装，欺骗

妄：不可能实现，荒诞不合理。

奚(xī)：怎么。

惟：仅，只。

是：事实，实情。

佞(nìng)：花言巧语。

秽(huì)：猥琐。

污：肮脏。

市：集市。

井：乡下。

的：确切，真实。

宜：合适，恰当。

齐：看齐，一样

跻(jī)：达到。

戚(qī)：忧愁，忧伤。

却：畏惧，后退。

谅：诚实，诚恳。

辜：过错，罪过。

【译文】

凡是说出的话，首先要真实不虚、讲求信用。说谎话骗人、胡言乱语都是不可以的。说话多不如说话少，因为言多必有失。说的话要恰当在理、符合实际，千万不要花言巧语，否则人家只会讨厌你。虚伪狡诈、尖酸刻薄、下流肮脏的话，千万不能说。阿谀奉承等粗俗的市侩习气，都要彻底戒除掉。

看到的事情没有弄清楚真相之前，不要随便乱说，也不要轻易发表意见；听来的事情没有根据，不要随便乱传，以免造成不良后果。对于自己认为不妥当的事情，不能随便地答应别人。假如你轻易许诺，就会进退两难。（盛喜中勿许人物，盛怒中勿答人书。喜时之言多失信，怒时之言多失体）

说话的时候，吐字要清楚、缓慢，不能讲得太快，也不能讲得含糊不清，使人家听不明白。东家说长，西家说短，别人的是非很难弄清楚；与自己的正经事没有关系的，不要去多管。否则，不但搅乱了别人，也有损自己的德行。看到了别人的善行，就要想到自己也应该努力去做到。即使和他差距很远，只要肯努力，渐渐也能赶上他。看到了别人的恶行，要立刻反省自己。如果发现自己也有，就要马上改正；如果没有，也要引起警惕，防止自己犯同样的过错。

做人最要紧的是自己的道德、学问、才能和技艺，这些方面不如人家，就要不断勉励自己，尽力赶上。如果吃的、穿的不如人家，用不着忧愁悲伤。这不是什么不光彩的事，因为做人最重要的是品德的修养。听到别人说自己的过错就生气，听到别人称赞恭维自己就高兴，那么，有损德行的朋友就会来与你接近，对你有益的朋友就会和你远离。听到别人赞美自己就感到惶恐不安，听到别人指出自己的过错就欢喜接受。经常这样做，那些正直诚实的人，就逐渐与你亲近起来。

如果是无意中做了错事，这就叫"错"。如果是故意去做的，那就叫"恶"。有了过错，要能勇于面对，并彻底改正过来。这样，别人还是把他当好人看；如果不肯承认，还要极力掩饰，那就是错上加错了。

三、经典启迪

《弟子规》中的"信"是指言语上要言而有信。诚信是中华民族的传统美德，也是儒家伦理的重要内容，更是一个人安身立命的基础。因此，古人说，信用是成功阶梯的第一步，人无信则不立。在现代社会，人与人之间的怀疑越来越多，信任却越来越少。面对诚信的缺失，光靠呼吁道德感是不够的，还应该从生活的点滴中去规范行为，尤其是对于中职学生来讲，更应该培养他们养成诚实守信、敢于担当的良好品质，在生活中遇到困难和挫折，有恒心、有毅力去克服和解决，会做人，会做事。

四、案例链接

案例1：曾子杀猪

曾子的夫人到集市上去，她的儿子哭着闹着要跟着去。他的母亲对他说："你回去，等我回来杀猪给你吃。"她刚从集市上回来，曾子准备要去杀猪。他的妻子阻止他说："我不过是和孩子开玩笑罢了，你居然信以为真了。"曾子说："小孩是不能和他开玩笑的啊！小孩子没有思考和判断能力，等着父母去教他，听从父母的教导。今天你欺骗孩子，就是在教他欺骗别人。母亲欺骗了孩子，孩子就不会相信他的母亲，这不是教育孩子成为正人君子的方法。"于是曾子就杀猪煮肉给孩子吃。

思考:同学们,这个故事对你们有什么启发? 以后在生活学习中该怎么说话做事?

_____

_____

_____

_____

案例2:聪明、快乐、地位、竞争和诚信的故事

从前,有两个好朋友,一个叫"聪明",一个叫"诚信"。某日,两人结伴乘船出游,不巧,在海上遇到大风暴,两人乘坐的船沉没了,救生艇上仅仅余一个位置。那个叫"聪明"的年轻人,一看形势不好,为了争夺救生艇上的位置,就把"诚信"推进海里,自己逃生去了。"诚信"喝了不少水,却大难不死,被海浪推到了一个小岛上。他惊魂未定,只好坐在沙滩上等待救援。不久,听到远处传来一阵阵欢快的音乐,他马上站起来,向着音乐的方向望去,发现有一艘小船向小岛驶来,他看见小船上有面小旗,上面写着"快乐"两个字,原来是"快乐"的小船。"诚信"急忙喊道:"'快乐''快乐',我是'诚信',你能救我吗?""快乐"一听,笑着对"诚信"说:"不行不行,我要是有了'诚信'就不快乐了,你看这世界上有多少人因为说老实话而不快乐。"说罢,"快乐"走了。又过一会,"地位"的小船来了。"诚信"忙喊道:"'地位''地位'我是'诚信',你能带我回家吗?""地位"一听,忙把船划离小岛,一边回头冲着"诚信"说:"不行,不行,你不能搭我的船,我的地位来之不易,要是有了诚信,我的地位就保不住了。""诚信"很失望地看着"地位"离去,眼里充满着疑惑与不解,只好无奈地在小岛上再待下去。过不久,又来了一艘船,一看是"竞争"的船,"诚信"又喊道:"'竞争''竞争',我是'诚信',你能不能让我搭你的船回家?""竞争"一看是"诚信",忙说道:"你不要给我添麻烦了,如今世界竞争这么激烈,我如果还要诚信的话,我就竞争不过人家了。"说罢,扬长而去。

突然，海上开始电闪雷鸣，狂风卷起一波波的滔天巨浪，正当"诚信"快要绝望的时候，突然听到一个亲切慈祥的声音喊道："孩子，上船吧。""诚信"一看，原来是时间老人。"你为什么要救我呢？""诚信"问道。时间老人微笑着说："只有时间才可以证明'诚信'是多么重要啊！"

在回程的路上，"时间老人"指着因巨浪翻船而落水的"聪明""快乐""地位""竞争"，意味深长地说道："没有了'诚信'，'聪明'反而害苦了自己，'快乐'不会长久，'地位'是虚假的，'竞争'也是失败的。"

小编寄语　这是一个令人反思的故事。一个人在人成长的道路上讲诚信很重要，"人无信，则不立"。一个人在什么时候丢弃诚信，就没有快乐、聪明、地位和竞争，其人生也是很失败的。

思考：在现实的生活中，同学们见过不诚信的事吗？结合上述故事启示，分小组讨论，小组派代表发言，共同分享学习感受。

案例3：诚实是金

一个顾客走进一家汽车维修店，自称是某运输公司的汽车司机。"在我的账单上多写点零件，我回公司报销后，有你一份好处。"他对店主说。但店主拒绝了这样的要求。顾客纠缠说："我的生意不算小，会常来的，你肯定能赚很多钱！"店主告诉他，这事无论如何也不会做。顾客气急败坏地嚷道："谁都会这么干的，我看你是太傻了。"店主火了，他要那个顾客马上离开，到别处谈这种生意去！这时顾客露出微笑并满怀敬佩地握住店主的手："我就是那家运输公司的老板，我一直在寻找一个固定的、信得过的维修店，你还让我到哪里去谈这笔生意呢？"

小编寄语　维修店的小老板面对诱惑，不怦然心动，不为其所惑，虽平淡如行云，质朴如流水，却让人领略到一种山高海深！这是一种闪光的品格——诚信。诚信让他有了信任、友谊和利润。

思考：在当今社会生活中，当有人要求你做不诚信的事，并且对你又有好处时，你该怎么办？结合上述故事启示，分小组讨论，各组代表发言，共同分享学习感受。

模块二　学习活动

活动一　诚实守信

一、活动目标

(1)理解诚信的含义,明白诚信在学习、生活、工作中的重要地位。

(2)增强对他人、对社会的责任感,树立正确的诚信自我的价值观,大力弘扬中华诚实守信美德。

二、活动导航

观看微电影:《诚信杂货铺》

老货架、旧钟表、吊货篮、鸡毛掸、零钱箱……这些仿佛离新时代远去的旧物却在这部微电影中屡屡进入我们的视线,对于这个早已被人遗忘的 20 世纪 80 年代的旧式杂货店,一位年迈老人却坚守至今……

> **议一议**

看完这部微电影后,你有什么感想?

_____

_____

_____

_____

三、活动体验

> **读一读**

信义为天

吴乃宜老人家住在浙江省温州苍南县霞关镇三澳村,他有四个儿子,都是地道的渔民。2006 年,儿子们拿出所有的积蓄,又借了 60 多万元,筹集 100 多万元买了艘钢制渔船。没想到,就在那一年,台风"桑美"来袭,渔船翻了,除了二儿子,其他三个儿子再没能上岸。二儿子也因为在海水中泡得太久,暂时失去了劳动能力。巨大的悲痛击倒了当时 77 岁高龄的吴乃宜老人,更让他担忧的是,今后的日子怎么过? 60 多万元的欠款怎么还? 台风过后不久,有不少债主上门讨要债款。但他们看到吴乃宜老人的近况时,都觉得开不了口。但吴乃宜老人对每一个债主承诺:"我会想办法还债的。"三个儿子过世后,苍南县政府给遇难者家属分发了一笔补助。老人的其中两个儿媳妇拿走了大部分补助,把年幼的孙女留给老人抚养后,回了娘家。老人拿到了 24 万元的保险赔付,加上出售打捞起来的渔船,一共有将近 40 万元,全部拿来偿还了当地农村合作社的贷款和私人借贷及利息。背负着剩余的 20 多万元债务,攒钱、还债成了吴乃宜老人 4 年多来生活的唯一目的。这几年来,他一直过着难以想象的清苦生活。一盏 15 瓦的节能灯，几件看不出颜色的陈旧家具，这就是老人现在所有的家当。4 年来，他每天只吃两顿稀饭；自家门口一小块地上种了青菜、花菜、大蒜和葱，平时摘一颗拿盐水煮一煮就是一道菜；过年的时候，要靠好心肠的朋友和亲属送来一点肉，老人才能开个荤。在还债的日子里，吴乃宜老人一家没添置过一件新衣服，衣服袖口和裤脚磨出了毛边，还在继续穿。两个小孙女的衣服也是亲属朋友送来的。老人拿着每个月不到300 元的最低生活保障金，要靠大家救济才能养大孙女。但为了还清债务，老人以自己的体弱之躯担起过于沉重的责任。为还债，吴乃宜和老伴决定编织渔网赚取一点点收入。织一张网能卖 100 元，却需要两个老人两个月的时间，算下来每天只能赚几角钱。这样的收入实在微薄，两个老人却经常织网到晚上 12 点才休息。老人的故事感动了当地人，大家纷纷帮助他。对此，吴乃宜老人说得最多的还是感激。6 年里，老人背着疾病与悲伤，吃稀饭、织渔网、捡废品，恪守"子债父偿"的承诺，还清债务时已 83 岁。2014 年 1 月 19 日零时 10 分，"诚信老爹"吴乃宜因病医治无效，在苍南老家去世。

小编寄语　吴乃宜替子还债的事迹感动众人。虽然三个儿子死了，但是作为一个普通老人依然承担起儿子们 60 万元的债务。他虽然只是一个底层普通的百姓，却用诚信给自己定制出一份尊贵的身份证。无论在哪个年代，坚守承诺是支撑人性的基石。他很贫穷，也很富有。诚信，就是他最大的财富。坚守诚信承诺也励志了大部分中国人。希望老人一路走好。

议一议

　　同学们，吴乃宜老人在那样艰难的生活条件下，为什么能克服一切困难坚持还债？分小组讨论，各组代表发言，共同分享学习感受。

_____

_____

_____

_____

什么是诚信?

诚,即真诚、诚实;信,即遵守承诺、讲信用。诚信的基本含义是守诺、践约、无欺。通俗地表述,就是说老实话、办老实事、做老实人。

诚信,是公民道德的一个基本规范。诚实守信是中华民族的传统美德。诚信不仅是一种品行,更是一种责任;不仅是一种道义,更是一种准则;不仅是一种声誉,更是一种资源。就个人而言,诚信是高尚的人格力量;就企业而言,诚信是宝贵的无形资产;就社会而言,诚信是正常的生产生活秩序;就国家而言,诚信是良好的国际形象。

树立诚信意识要从每个人做起,只有自己做到了诚信,才能要求别人也这样做。自己的诚信与赢得他人的诚信成正比,自己越诚信,就越会赢得他人的诚信回报。诚实守信,重在实践,贵在积累。勿以善小而不为,勿以恶小而为之,去小恶而从善,积小善成大德,这是提高公民诚信水平的必由之路。

写一写

有关诚信的成语

一言九鼎　言而有信　取信于民　信誓旦旦　信守不渝　一诺千金　赤诚相待
背信弃义　信口开河　精诚所至　金石为开　言必信　行必果　君子一言　驷马难追

知识链接

关于诚信的名言警句

(1)言不信者,行不果。——墨子
(2)宁可失钱,不可失信。
(3)帮人要帮心,帮心要知心,知心要诚心。
(4)与朋友交,言而有信。——《论语》
(5)信用重于黄金。
(6)生命不可能从谎言中开出灿烂的鲜花。——海涅
(7)如果要别人诚信,首先自己要诚信。——莎士比亚
(8)成书在理不在势,服人以诚不以言。——苏轼
(9)非信无以使民,非民无以守国。——《资治通鉴》
(10)诚实的人从来讨厌虚伪的人,而虚伪的人却常常以诚实的面目出现。——斯宾诺

演一演

情景演练

情景一:有同学过生日,请你吃饭或者邀请你出去玩,可是你没钱买礼物,这时你会怎么做?

人
文
素
养

情景二:你曾经向同学借过一本他(她)心爱的书,但是由于你不小心,后来书不见了。这时你会怎么做?

情景三:在实验课上,你的同伴打破了实验器具,他让你帮忙隐瞒。老师问你时,你会怎么说?

情景四:一天,小明在上学路上捡到一个皮包,发现里面有身份证、支票夹及若干现金。他不加思索地按照身份证上的联络方式将皮包完璧归赵,并婉言谢绝了失主给他的酬金。如果你是小明你会怎么做?

> **小编寄语**　在当今社会中,不仅成年人需要遵守法律、诚信待人,青少年学生更应该学会诚信、坚守诚信。诚信是为人的基本准则,是同学们在现今的学习生活和将来踏入社会的工作生活中不可缺少的重要组成部分。人无信而不立,同学们应该从现在开始学习诚信,遵守诚信,这正是我们进行情景演练主要目的。在精彩的演练活动中,同学们以充分的准备取得了完美的成功。经过这次活动后,同学们更加了解诚信,并且为自己树立起诚信的准则,也更好的做到了以诚信为人。

四、活动总结

_____

_____

_____

_____

活动二　树立美德

一、活动目标

(1)通过活动,继承优良传统美德,增强爱国情感。

(2)从现在开始养成良好的行为习惯,树立对他人、对社会的责任感。

二、活动导航

生活中的美德

职校毕业后,张琳前往南方某市求职。经过一番拼搏努力,她和另外两个女孩被一家公司录用,试用期为一个月,试用合格,将被正式聘用。在这一个月里,张琳和那两个女孩都很努力。到了二十九天时,公司按照她们三人的营业能力,逐项考核评分。结果,张琳虽然业绩也很出色,但总分仍然比另两位女孩低一至二分。公司王经理通知张琳:"明天你是最后一天上班,后天便可以结账走人。"最后一天上班时,两位留用的女孩和其他人都关心地劝张琳说:"反正公司明天会发给你一个月的试用期工资,今天你就不必上班了。"小张笑道:"昨天的工作还有点没做完,我干完那点活,再走也不迟。"到了下午三点,小

张把最后的工作做完了。又有人劝她提早收工,可她笑笑,不慌不忙地把自己工作过的桌椅擦拭得干干净净,一尘不染,而且和"同事"一同下班。她感觉自己很充实,站好了最后一班岗。其他员工见她这样做,都非常感动。第二天,小张到公司的财务处结账,结完账,她正要离开,遇见了王经理。王经理对她说:"你不要走了,从今天起,你到质量检验科去上班。"小张一听,惊住了,她不相信会有这种好事。王经理微笑着说:"昨天下午我暗中观察了你好久,面对工作你有坚持的理念。正好我们公司的质量检验科缺一位质检员,我相信你到那里一定会干得很好。"

思考:同学们,你们认为张琳,最终被留用原因是什么?从故事中你们领悟到什么?

_____

_____

_____

_____

三、活动体验

读一读

座　位

春运期间,在杭州开往成都的 K529 次列车上,旅客严重超员。一个靠窗坐着的老大爷正跟邻座的人分享他的幸运经历,原来,他是到上饶的,买的是无座票,上车后抱着侥信心理事先占了个好坐,没想到直到开车也没有人上来。紧靠着老大爷座椅的通道中挤着好几个人,其中有一位瘦弱的姑娘,看上去不到 20 岁的样子,被来往穿行的旅客挤得东倒西歪。

看到这情景,老大爷关切地问:"闺女,这么站着遭罪,你应该像我这样早点儿上车找个座位,到哪儿下啊?""我没事的,爷爷,我到荆门。""那得明天下午才到呢,这么远一直站着可怎么办?"老大爷摇了摇头表示担忧。过了一会儿,老大爷又转过脸,和蔼地说:"这样吧,闺女,等我下了之后你就过来坐这里。""嗯,好的,谢谢您啦。"姑娘甜甜地应了一声,满脸感激。

过来一会儿,列车员开始检票。列车员看了看姑娘的票,奇怪地问:"你不是有座吗?怎么不坐?"姑娘微笑着,悄悄向老大爷的方向努努嘴:"70 多岁的老人家了,一直站着会吃不消的。""你没跟他说? 他不知道吗?!""怎么能说? 知道了他就该坐不踏实了。"姑娘抿着嘴眨了眨眼。

列车员回头瞅了瞅睡着的老大爷,然后把票给了姑娘,小声说:"跟我去餐厅吧,我帮你找个座。"跟前的几个人都听到了,赞叹着给姑娘让出一条道。姑娘弯下腰,从座位下拿出了自己的拐杖……

刚才被感动的人们,心底像被闪电击中了一般,深深地被震撼了!

议一议

同学们,读了上述故事后,有什么感受?如何评价让座的女孩?分小组讨论,小组派代表发言,共同分享学习感受。

_____

_____

_____

小编寄语 读完这个故事后,同学们心里会平静吗?每个同学都回顾一下自己平日的言行,原来还有这么大的提升空间,原来善意还可以如此美妙!相信,只要人人都献出一份爱,世界将会变成美好的人间。

说一说

同学们,当我们面对有困难的长辈、朋友、同学,但自己能力又有限,又该怎么办呢?分小组讨论,小组派代表发言,共同分享学习感受。

_____

_____

_____

_____

记一记

(1)我选择宽容,不是我怯懦。因为我明白,宽容是美德,美德没有错。

(2)我选择真诚,我有话就直说。因为我明白,违心奉承是应付,忠言逆耳是负责。

(3)我选择厚道,不是因为我笨拙。因为我明白,厚德能载物,助人能快乐。

(4)记住别人对自己的帮助,学会帮助他人。生活中总有一些事,一些人总感动着我们,有时候我们虽然不知道他们是谁,但是,无价的爱心给予我们永存的光明。他们像微尘一样用自己的能力去帮助他人,温暖世界。

(5)我选择糊涂,不是我真糊涂,面对误解委屈和不公正,只是不愿计较,从而大度应对,难得糊涂,笑看世界。

歌曲欣赏：《让世界充满爱》

四、活动总结

_____

_____

_____

_____

活动三　学会担当

一、活动目标

(1)懂得什么是敢于担当,感受担当责任的重要性。

(2)增强担当意识,做一个对自己、对他人、对集体负责的人。

二、活动导航

先请同学们观看下面一组漫画：

上述漫画图中有女儿、儿子、母亲、医生、奶奶、武警战士，他们在社会生活中各自担当了什么责任？

三、活动体验

读一读

敢于担当，铸造成功

在美国西雅图一所著名的教堂里，有一位德高望重的牧师——戴尔·泰勒。有一天，他向学生讲述了这样一个故事：有一年冬天，猎人带着猎狗去打猎，猎人击中了一只兔子的后腿，受伤的兔子没命地跑，猎狗在后面追。过了一阵子，兔子越跑越远，猎狗实在追不上了，就悻悻地回到了猎人身边。猎人气急败坏地说："你真没用，连只受伤的兔子都追不到。"猎狗听后不服气地说："我已经尽力而为了啊。"兔子带伤回来，兄弟们都围上来，惊讶地问："那猎狗很凶，你还带伤，怎么甩掉它的？"兔子说："它是尽力而为，我是竭尽全力，它没追上我，顶多挨一顿揍，而我不竭尽全力，可就没命了。"牧师讲完后，又郑重其事承诺：谁要背出《圣经·马太福音》中第五到第七章的全部内容，就邀请他去西雅图"太空针"高塔餐厅参加免费聚餐会。《圣经·马太福音》中第五到第七章的全部内容有几万字，而且不押韵，要背诵全文无疑有相当大的难度。参加免费聚餐会是许多同学梦寐以求的事，但几乎所有的人都望而却步。几天后，班上一个11岁的男孩，胸有成竹地站在泰勒牧师面前，从头到尾按要求背下来，一字不落，没出任何差错。泰勒牧师比别人更清楚，就是成年人中，能背诵的人也是罕见的，何况是一个孩子。牧师在感叹他惊人记忆力时，好奇地问："你为什么能背这么长的文字呢？"男孩不加思索的回答："我竭尽全力。"

16年以后，那个男孩创办了微软，而他就是——比尔·盖茨。

说一说

同学们，上述故事中的小比尔·盖茨为什么能背诵那么长的文字？假如你们职校毕业后在工作中遇到挫折该怎么办？分小组讨论，小组派代表发言，共同分享学习感受。

小编寄语 每个人都有极大的潜能。据研究,一般人的潜能只开发了2%至8%,大科学家爱因斯坦开发了12%。一个人如果开发了50%的潜能,可以背诵400本教科书,可以学完几所大学的课程,还可以掌握20多种语言。就是说,大家还有90%以上的潜能处于休眠状态。谁要想创造奇迹,仅仅做到尽力而为还不够,必须要竭尽全力才行,这是对自己的担当责任的体现。

议一议

观看微电影:《担当》

目前校园里存在攀比之风,一部分同学虚荣摆阔,追求奢侈,铺张浪费,令人心痛。微电影《担当》,给人耳目一新的感觉:为商讨建立学生帮困爱心基金一事,学生干部高保俊将同学们约到高档餐厅边吃边谈。同学说:"这家餐厅很贵呀!"高保俊不以为然地说:"这点钱算什么,我请客。"而另一位学生干部肖江则利用课余时间就去食堂勤工俭学。然而,在爱心基金成立现场,肖江一人捐出了10万元。而这时,高保俊接到母亲电话,他父亲为多打一份工,受伤住院,今后生活难以为继。面对辛劳的父亲、俭朴而又慷慨无私的肖江,高保俊开始反思自己摆阔气、讲排场的虚荣,懊悔不已……

这部微电影反映了学生的思想境界有高低,经过教育,他们都将成为有担当的好青年。

思一思

在我们学校里,同学们有虚荣摆阔、追求奢侈、铺张浪费的毛病吗? 如果有,该怎么办? 分小组讨论,小组派代表发言,共同分享学习感受。

答一答

何谓担当?

在《现代汉语词典》的注解里,担当就是"接受并负起责任"。担当责任,就是面对现实,我们无法选择地需要担负起来的担子。

人生在世,就得担当责任。为人子女者孝顺父母,是一种责任;为人父母者抚养子女,是一种责任;为官一任造福一方百姓,更是一种责任……一个人在社会中扮什么样的角色,就得担当什么样的责任。

在生活中,只有勇于担当,乐于奉献,才能凝聚忠诚和热情;只有勇于担当,乐于奉献,才能激发干劲和斗志;只有勇于担当,乐于奉献,才能在平凡的岗位中实现自我价值。

如果每一个人心里装着担当和奉献,无数个平凡就会成为伟大,无数个普通就会成为非凡,无数的事业就会蓬勃发展。

写一写

关于担当的经典话语

（1）做人要敢于担当。人生无论贫穷还是富有，尊贵还是低贱，都有自己的那份担当。勇于担当，生命才会更有意义。成熟不是看你的年龄有多大，而是看你能担起多大的责任。敢于担当，才能赢得别人的敬重与关怀，赢得别人的认同与信赖。英雄因为担当而伟大，君子因为担当而崇高。

（2）教你为人处事，高调低调，看胸襟；大事小事，看担当；顺境逆境，看把握；是得是舍，看欲望；成败得失，看坚持；淡然释然，看心情；是非曲直，看度量。心小，小事则大；心大，大事则小。大其心，容天下之事；虚其心，赏天下之美；潜其心，究天下之理；定其心，应天下之变。

（3）内心脆弱的人缺乏担当，心理强大的人喜欢挑战，心灵高尚的人性情恬淡。第一种人遇事时，第一反应就是推诿，首先撇清与该事的关系再说；第二种人遇事时，第一反应就是不回避，义无反顾地先接下战书再说；第三种人遇事时，第一反应就是不慌不忙，从容应对，润物无声，在不经意间化有形为无形。

（4）生活中的许多苦难，让我们学会了承受，学会了担当，学会了在泪水中挺立自己的灵魂，学会了在坚韧中亮化自己的人格。生活从来都是波澜起伏的，命运从来都是峰回路转的，因为有了曲折和故事，我们的生命才会精彩。有时候，哭泣，不是屈服；后退，不是认输；放手，不是放弃；沉默，不是无话可说。

（5）不要轻易暴露内心的脆弱，学会承受应该担当的一切；不要轻易述说生活的狼狈，学会面对杂乱无序的现实；不要轻易虚度每一天的光阴，因为那都是你余生中的第一天；不要轻易向世界妥协，它让你哭，你要在坚持中让自己笑。只要我们能承担、不逃避、会珍惜、心坚强，人生就不会太苍白。

（6）愿你自己有充分的忍耐去担当，有充分单纯的心去信仰。请你相信：无论如何，生活是合理的。——里尔克《给一个青年诗人的十封信》

听一听

歌曲欣赏：《担当之歌》

四、活动总结

_____

_____

_____

_____

活动四　培养毅力

一、活动目标

（1）认识到顽强的毅力、坚强的意志品质在学习和生活中的重要性。

（2）培养具有顽强的毅力和坚强的意志品质去战胜困难和挫折的能力，做生活的强者。

二、活动导航

影片欣赏：《面对巨人》

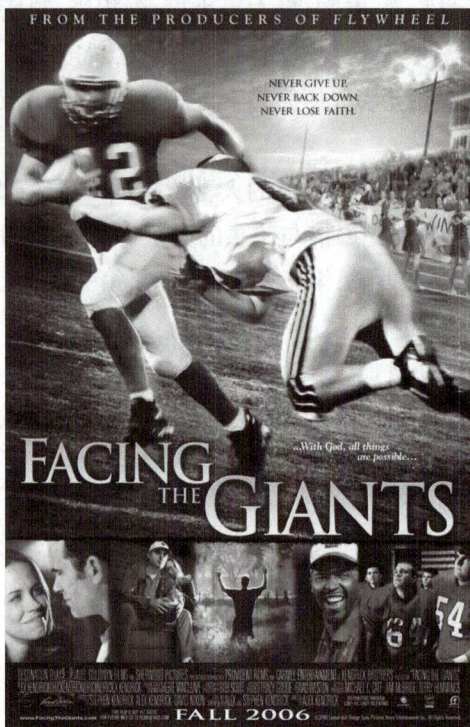

美国电影《面对巨人》讲述了主人公泰勒教练执教的学校球队——老鹰队六年来都没有获得胜利，于是学校决定将他解雇。他开始反省自己，认识到以前他只是为了工作而工作，为了比赛而比赛，自己生活的中心出现了严重的偏差。当这位教练的心发生了改变，他对那些孩子们的教育也改变了，告诉他们不是为了比赛而比赛，而要常常喜乐，凡事感恩。此后，这个看似不起眼的小球队开始接连赢得比赛了。一场两场，所有的人都为之欢呼，因为人们差不多已经快把他们忘记了。他们靠着超人的毅力，最后冲进了决赛。然而，他们要面对的是常胜将军巨人队，这无疑是一场拿鸡蛋跟石头碰的比赛，但是，他们并没有气馁也没有胆怯。最后，以老鹰队队员大卫踢进任意球战胜了巨人队！

最令人为之震撼并感动的片段莫过于泰勒教练要布洛克用头巾蒙住双眼做"死亡练习"的那一段：当布洛克爬完最后一步，精疲力竭地趴倒在地的时候，他问道："一定有 50 码了吧？"泰勒教练摘下他的头巾："你已经到底线了（也就是超过 100 码，爬完全场）。"

小编寄语 每个人都害怕接受挑战,当挑战还没有开始的时候,有谁会相信自己能做到呢?一个人对自己的定位只是30码,也许当别人给他的期望是50码的时候这已经是一种极大的挑战。但是,当一个人愿意全力以赴,不精疲力竭决不停止的时候,竟然能够做到100码!这仅仅是体能的突破吗?当然不是!很多时候,并不是自己不够好,也并不是自己没有尽力。大家都在努力,只是只要再坚持一下,有毅力,有恒心,就可以战胜一切困难,成为能够被信赖的人,也同时收获了自信心。其实,在生活中每个人都会遇到很多的巨人,工作的压力、业绩的压力、学业的压力、成绩的压力、生活的压力、生活的重担,或者很多不顺心的事情都会成为自己的巨人。面对巨人时,自己该如何处理呢?

三、活动体验

读一读

不抱怨靠自己

1976 年 3 月,崔万志出生在安徽省合肥市肥东县的一个农村家庭,出生的时候难产,脐带绕颈,脑部缺氧,出生的时候没有呼吸,然后赤脚医生就逮着他的腿,头朝下使劲地抖,一直抖了很久才有了第一声微微的哭泣,就这样他活了下来,却留下了行动不便,语言不流畅的缺陷。九岁的时候上小学,他记得从家到小学有一条沟,别人很容易就跨过去,他就跨不过去。他也不愿意父母天天背着送他上学,就试着蹲下去然后趴在地上,爬下去然后再爬上来。也许从小时候开始上天就告诉人生没有过不去的坎。中考那年他的分数在县里名列前茅,被一所重点高中录取了,把学费也交了床单也铺好了。

可是突然间,校长很惊讶发现学校怎么来了一个残疾人,然后在几分钟之内把他和他父亲以及行李踢到校门之外,指着他说,就算你考上大学也没有学校要你,你还耽误我一个名额。崔万志的父亲当时就跪了下来,一跪就是两个小时苦苦哀求。他爸用双手捧着儿子的脸说:"万志你听着,抱怨没有用,书还要不要读?"他说要!他爸说:"那么回家吧,一切靠自己。"崔万志回家后奋发努力后来幸运地被新疆石河子大学录取了。大学毕业以后,万志和所有的大学毕业生一样面临着找工作。他天天跑人才市场,投了上百封简历,没有一家单位要他。最后一次,他很早很早就去排队,排在第一位。然而,面试的招聘官看着他,指着就说你快走开,别挡着后面的人。

从那以后,万志再也没有去找工作。那天走在大街上风好大,眼泪再也忍不住地滚了下来,他心里非常绝望,要养活自己,那个声音就在心里嘣嘣嘣地敲打着他,就想起了父亲的话"抱怨没有用,一切靠自己"。他改变不了现实那就改变自己,他不在乎别人对自己的看法,也不再抱怨甚至不再难过。他去摆地摊、卖旧书、卖卡片,一顿饭当两天吃,就这样坚持了半年。他先开了自己的一个小书店,后来开音像店、开超市、开网吧,他的书店被烧过,他的超市被偷过,他的网吧被拆了一次又一次。后来他又开网店,把他几年积攒的二十多万元一下子亏光了,再后来又成立自己的电子商务公司,然后欠了四百万外债。但是,所有的委屈所有的挫折所有的痛苦他都埋藏在心里,说不出也不想说。因为他知道抱怨没有用,一切靠自己。就这样他坚持下去,一直把他们的蝶恋品牌旗袍做到阿里巴巴全球网商三十强。

走到今天,他回头再看看自己的这些经历和挫折,原来都是上天对自己最好的安排。世界是一面镜子,照射着人们的内心,人们内心是什么样子这个世界就是什么样子。选择抱怨人,他们的内心是充满着痛苦、黑暗和绝望;选择感恩,他们的世界就充满着阳光、希望和爱。

谈一谈

同学们,读了这个故事后,有什么感动?残疾人崔万志为什么能创造奇迹?分小组讨论,小组派代表发言,共同分享学习感受。

_____

_____

_____

_____

读一读

毅力、恒心、成功

恒心与毅力是成功的关键所在。成功不是一蹴而就的,往往要经过长期的努力方能取得,这就需要有顽强的毅力与恒心,即使侥幸取得成功,这成功也不会牢固和长久。纵观古今中外,凡成就大业者,都拥有毅力与恒心这两件法宝。

人的一生应该是奋斗的一生。而现实生活中,人们朝着目标奋斗,却往往是三分热情、七分冷漠或灰心,而成功往往赐予有恒心和有毅力的人们。有了恒心和毅力,人们成功的道路就会变得宽敞、明亮。同时,恒心和毅力不仅使人们的生活变得充实,而且还让人们在奋斗中感受到快乐。所以,人们在奋斗中只有坚持不懈,才会有成功的硕果。

四、活动总结

_____

_____

_____

_____

模块三　学习拓展

一、自我实现

(1)每个同学回顾自己成长过程中遇到过不诚实的事,现在来看当时应该怎么做?

(2)把自己在生活中遇到的感人的美德故事写下来。

(3)组织全班同学开展一次"敢于担当"的竞赛活动。

(4)组织全班同学开展一次"培养毅力"拉练活动。

二、力行评价

《弟子规·信》力行评价表

序号	主题	分值	力行内容				力行评价		
---	---	---	---	---	---	---	好	一般	差
1	言信	20	凡出言　信为先　诈与妄　奚可焉 奸巧语　秽污词　市井气　切戒之 凡道字　重且舒　勿急疾　勿模糊						
2	谨言	10	话说多　不如少　惟其是　勿佞巧 见未真　勿轻言　知未的　勿轻传						
3	慎行	10	事非宜　勿轻诺　苟轻诺　进退错						
4	明辨	20	彼说长　此说短　不关己　莫闲管 见人善　即思齐　纵去远　以渐跻 见人恶　即内省　有则改　无加警						
5	自勉	10	唯德学　唯才艺　不如人　当自砺 若衣服　若饮食　不如人　勿生戚						
6	过誉	15	闻过怒　闻誉乐　损友来　益友却 闻誉恐　闻过欣　直谅士　渐相亲						
7	过错	15	无心非　名为错　有心非　名为恶 过能改　归于无　倘掩饰　增一辜						
合计		100	力行评价得分						
总评			总计得分						
			等级						

注:按分值标准,在"力行评价"的相应栏打单项分,最后计算出总计得分,评出等级:优80~100分;良70~79分;合格60~69分;不合格60分以下。

三、学习心得

要求:写一篇本单元学习后的心得体会(学习收获、存在问题、解决办法),字数不少于200字。

四、智言慧语

(1)金钱无法弥补道德缺陷,诚信能够提升人生品位。

(2)人格无价诚可贵,事业有成信当先。

(3)诚信是为人的基点,诚信是事业的支点,诚信是成功的起点。

(4)修学不以诚,则学杂;为事不以诚,则事败。

(5)诚信是道德的底线,守法的基础,社交的规则,和谐的前提。

(6)锲而舍之,朽木不折;锲而不舍,金石可镂。《劝学》荀子

(7)顽强的毅力可以征服世界上任何一座高峰。——狄更斯

(8)胜利属于最坚韧的人。——拿破仑

(9)就是有九十九个困难,只要有一个坚强的意志就不困难。

(10)即使慢,驰而不息,纵会落后,纵会失败,但一定可以达到他所向往的目标。——鲁迅

(11)一个人若是没有热情,他将一事无成,而热情的基点正是责任心。——列夫·托尔斯泰

(12)责任感与机遇成正比。

(13)这个社会尊重那些为它尽到责任的人。

(14)故人无礼则不生,事无礼则不成,国家无礼则不宁。——《荀子·修身》

(15)只要有坚强的意志力,就自然而然地会有能耐、机灵和知识。

第六单元
人际交往　以和为贵

模块一　经典文化

一、经典原文

弟子规·泛爱众

凡是人	皆须爱	天同覆	地同载
行高者	名自高	人所重	非貌高
才大者	望自大	人所服	非言大
己有能	勿自私	人所能	勿轻訾
勿谄富	勿骄贫	勿厌故	勿喜新
人不闲	勿事搅	人不安	勿话扰
人有短	切莫揭	人有私	切莫说
道人善	即是善	人知之	愈思勉
扬人恶	即是恶	疾之甚	祸且作
善相劝	德皆建	过不规	道两亏
凡取与	贵分晓	与宜多	取宜少
将加人	先问己	己不欲	即速已
恩欲报	怨欲忘	报怨短	报恩长
待婢仆	身贵端	虽贵端	慈而宽
势服人	心不然	理服人	方无言

二、经典解读

【字解】

覆(fù):覆盖。

载:承载。

行:德行,品行。

望:声望,名望。

訾(zǐ):轻视,鄙视。

谄(chǎn):巴结,讨好。

搅(jiǎo):打搅,麻烦。

疾:痛恨。

作:发生。

亏:受到损失。

加:强加。

婢(bì):婢女。

端:端正。

【译文】

"泛"就是广泛,很普遍的意思;"爱"就是慈悲,有爱心。这个"众",我们此地讲的是众人;除了人之外,你还能扩展到动物、植物,这个世界就更为美好了。

只要是人,就是同类,不分国家、种族、宗教信仰,皆须相亲相爱。因为大家都生活在同一蓝天下,同一块土地上应该不分你我,互助合作,才能维持这个共生共荣的生命共同体。品行高尚的人名声自然就高,人们所看重的,并不是一个人的外表容貌。才学出众的人,他的名声自然会大。人们所佩服的是有真才实学的人,而并不是会说大话的人。

自己有才能,就要做些对公众有益的事,不可自私自利。别人有才能,不要不服气,甚至

人文素养

说人家的坏话,应学会欣赏赞叹,而不是批评、嫉妒和毁谤。不要奉承、讨好富有的人,也不要轻视穷人。不要讨厌身份普通的老朋友,也不要去巴结有地位的新相识。在别人忙的时候,不要去打扰他。在别人情绪不安时,不要用闲言碎语去干扰他。

别人有短处,不要随便去揭穿;别人有秘密(或隐私),若无意间知道了,千万不要到处宣扬。称赞别人的善行本身就是一种行善,别人听到你的赞扬,就会更加勉励自己。宣扬别人的过错,是一种罪恶。如果过分地痛恨别人的过错就会招来灾祸。

朋友间应互相勉励行善,彼此都能建立良好的道德;有了过错而不互相规劝,双方都会在品行上留下缺陷。拿别人的东西或给别人东西时,要分清楚轻重;给别人东西要多一些(以免亏了对方),拿别人东西要少一些(以免助长自己的贪心)。想让别人去做一件事时,首先要问问自己是不是愿意做;如果自己都不愿意去做,你赶快也不要让别人去做。(《论语》"己所不欲,勿施于人"就是要设身处地多为别人着想,即换位思考。)

他人对自己有恩惠,要时刻想着去报答,和别人结下的冤仇,要尽快忘掉;抱怨不过是一时,报恩才是长远的事。对待家里的婢女与仆人,先要自身品行端正并以身作则,虽品行端正很重要,但还要进一步做到仁慈宽厚。用权势去压服人,他们表面上也许会服从你,但心里还是不服;以理服人,才会使人心服口服。

三、经典启迪

中国古代已经有朴素的博爱精神,如《说苑·君道篇》载师旷言云:"人君之道,清净无为,务在博爱",宋代张横渠更直言"以爱己之心爱人",无不体现为人友善、博爱。博爱不仅是中华民族的优良传统,更是现代文明的基石之一。博爱的核心是友善,所谓友善就是要懂得先给予,然后才有可能获得。既能把这种爱给予亲人,给予朋友,也能把这爱给予不认识的人,甚至是在平时反目的敌人遇难的时候也能伸出援助之手!我们在日常生活中,需要"不独亲其亲,不独子其子,老吾老以及人之老,幼吾幼以及人之幼",方能体现博爱、友善。

四、案例链接

案例1:白方礼,你凭什么感动中国?

白方礼生于1913年,祖辈贫寒,13岁起就给人打短工,从小没念过书。1944年因日子过不下去他逃难到天津,流浪几年后当上了三轮车夫。

1974年,白方礼从天津市河北汽车运输厂退休后,曾在一家油漆厂补差。1982年,老人开始从事个体三轮客运。每日里早出晚归、辛劳奔波,攒下了一些钱。1987年,已经74岁的他决定做一件大事,那就是靠自己蹬三轮的收入帮助贫困的孩子实现上学的梦想。这一蹬就是十多年,直到他92岁逝世。

为了让贫困的孩子们能安心上学,白方礼老人靠自己的劳动,在十多年的时间里先后捐款35万元,资助了300多个大学生的学费与生活费。他为学生们送去的每一分钱,都是用自己的双腿一脚高一脚低地踩出来的,是他每日不分早晚,栉风沐雨,用淌下的一滴滴汗水积攒出来的,来之不易,来之艰辛!照常理,像他这样的古稀老人不仅无须再为别人做什么,倒是完全应该接受别人的关心和照顾。可他没有,不仅丝毫没有,而且还把自己仅有的能为别人闪耀的一截残烛全部点燃,并且燃烧得如此明亮,如此辉煌!

2012年,在感动中国的颁奖典礼上,白方礼老人以草根助学的代表成了特别奖的得奖者之一。

案例2:爱能产生奇迹

一天夜里,已经很晚了,一对年老的夫妻走进一家旅馆,他们想要一个房间。前台侍者回答说:"对不起,我们旅馆已经客满了,一间空房也没有剩下。"看着这对老人疲惫的神情,侍者又说:"但是,让我来想想办法……"侍者将这对老人引领到一个房间,说:"也许它不是最好的,但现在我只能做到这样了。"老人见眼前其实是一间整洁又干净的屋子,就愉快地住了下来。第二天,当他们来到前台结账时,侍者却对他们说:"不用了,因为我只不过是把自己的屋子借给你们住了一晚,祝你们旅途愉快!"原来如此。侍者自己一晚没睡,他就在前台值了一个通宵的夜班。两位老人十分感动。老头儿说:"孩子,你是我见到过的最好的旅店经营人。你会得到报答的。"侍者笑了笑,说:"这算不了什么。"他送老人出了门,转身接着忙自己的事,把这件事情忘了个一干二净。没想到,有一天侍者接到了一封信函,打开一看,里面有一张去纽约的单程机票并有简短附言,邀请他去做另一份工作。他乘飞机来到纽约,按信中所标明的路线来到一个地方,抬眼一看,一座金碧辉煌的大酒店耸立在他的眼前。原来,几个月前的那个深夜,他接待的是一个有着亿万资产的富翁和他的妻子。富翁为这个侍者买下了一座大酒店,深信他会经营管理好这个大酒店。这就是赫赫有名的希尔顿饭店首任经理的传奇故事。

案例3:负荆请罪

战国时期,赵国的蔺相如几次出使秦国,又随同赵王会见秦王,每次都凭着自己的大智大勇,挫败骄横的秦王。因此,赵王很是器重蔺相如,一下子将他提拔为上卿,位在老将军廉颇之上。

战功卓著的将军廉颇见蔺相如官位比他还高,很不服气,到处扬言说:"我为赵国出生入死,有攻城夺地的大功。而这个蔺相如,出身低微,只是凭着鼓动三寸不烂之舌,就能位在我之上,这实在是让我难堪!以后我再见到蔺相如,一定要当着众人的面羞辱他。"

蔺相如听说后,就总是处处躲开廉颇。有一次,蔺相如坐车在大街上走,忽然看见廉颇的马车正迎面驰来,便赶紧命人将自己的车拐进一条小巷,待廉颇的车马走过,才从小巷出来继续前行。

蔺相如的随从们见主人对廉颇一让再让,好像十分惧怕廉颇似的,他们都觉得很丢面子,便议论纷纷,还商量着要离开蔺相如而去。

蔺相如知道后,把他们找来,问他们道:"你们看,是秦王厉害还是廉颇厉害?"

随从们齐声说："廉颇哪能跟秦王相比！"

蔺相如说："这就对了。人们都知道秦王厉害，可是我连威震天下的秦王都不怕，怎么会怕廉将军呢？我之所以不跟廉将军发生冲突，是以国家利益为重啊！你们想，秦国之所以不敢侵犯赵国，不就是因为赵国有我和廉将军两个人吗？如果我们两个人互相争斗，那就好比两虎相斗，结果必有一伤，赵国的力量被削弱，赵国就危险了。所以，我不计较廉将军，是为了赵国啊！"

后来，这些话传到廉颇那里，廉颇大受感动。他想到自己对蔺相如不恭的言语和行为，深感自己错了，真是又羞又愧。好一个襟怀坦白的廉颇老将军，脱光了上身，背着荆条，亲自到蔺相如府上请罪。蔺相如赶紧挽起老将军。从此后，廉颇和蔺相如两个人，将相团结，一心为国，建立了生死不渝的友情。当时，一些诸侯国听说了以后，都不敢侵犯赵国。

小编寄语 蔺相如不计个人恩怨，以国家利益为重的高风亮节和廉颇知错即改的坦诚襟怀，都在启发人们，在任何时候都要顾全大局，把国家民族利益、集体利益放在第一位。如后世范仲淹在《岳阳楼记》中所言"先天下之忧而忧，后天下之乐而乐"。

模块二　学习活动

活动一　理解尊重

一、活动目标

(1)了解在人际交往中理解与尊重的重要性。

(2)培养学生的共情能力。

(3)通过体验,树立尊重、理解他人的意识。

二、活动导航

观看微电影:《尊重是相互的》

从短片回到现实,你在学校生活过程中,抱怨食堂、抱怨宿舍时,是否对食堂、宿舍的工作人员有过同等的尊重呢?

三、活动体验

小游戏

取绰号

(1)小组成员围成一圈,每个同学帮自己右边的同学取一个绰号,越有创意越好。

(2)取好绰号后,给大家说"我帮××同学取得绰号是××"。

(3)待全部完成后,将给别人取的绰号用在自己身上。

议一议

(1)你给别人取绰号时的心情是怎么样的?

_____

_____

_____

(2)当绰号收回放在自己身上时是什么感受?

_____

_____

_____

(3)你得到了什么启示?

_____

_____

_____

人文素养

观看动画片:《回声》

写一写

看完动画片后,你认为小兔淘淘和回声是一种什么关系呢?

_____

_____

_____

在人际交往过程中,可能发生如回声一样的现象吗? 如果会,请举例说明。

_____

_____

_____

演一演

情景剧:我们都是商人

剧情简介:一位富商看到一个穷困的铅笔推销员,心生怜悯,扔给他 10 元钱。就在他走出几步之后,他似乎想起了什么,又折返回来取了两支铅笔说:"对不起,我忘了拿我的铅笔。要知道,你和我一样,我们都是商人。"

说一说

为什么这位富商会折返回去取这两支铅笔?

_____

_____

知识链接

尊重他人的方法

平等相待,礼貌相处。

目光关注,双耳倾听。

严于律己,宽以待人。

换位思考,推己及人。

面对强者,真心钦佩。

面对弱者,真心激励。

劳动成果,时刻珍惜。

信守诺言,远离谎言。

四、活动总结

_____

_____

_____

_____

活动二 有效沟通

一、活动目标

(1)了解有效沟通在于理解对方的意义。

(2)掌握沟通的方式。

(3)掌握倾听的技巧。

二、活动导航

测一测

你是个合格的倾听者吗?

做以下测试题,了解自己的倾听能力(请根据自己的情况,在是或否前的□内打√)

(1)我经常会同时听几个人说话。□是,□否。

(2)我会假装对他人的谈话表示兴趣。□是,□否。

(3)我喜欢人们只说事实,然后由我自己做出判断。□是,□否。

(4)我总是在一个人说话之前就已经猜出了他要说的内容。□是,□否。

(5)我总是把注意力从谈话者身上移开来,结束自己不感兴趣的谈话。□是,□否。

(6)当别人还在说话的时候,我就能组织好自己的回答和反应。□是,□否。

(7)别人的讲话风格常常让我分心。□是,□否。

(8)在对方说话的时候,我经常以点头、皱眉和其他表情让对方了解我的反应。□是,□否。

(9)别人在说话的时候,我不会关注他的表情、手势,更多是听他说的内容。□是,□否。

(10)当别人结束谈话的时候,我马上就能做出评价和反应。□是,□否。

得分分析:回答"否"得 1 分,得分低于 5 分说明倾听能力需要加强。

倾听有三个层次,一是印证型倾听,事先已经明确自己要听的内容,对与自己预期不一致的内容听不进去;二是立场型倾听,事先已经明确了自己的立场,对与自己立场不一致的话也听不进去;三是理解型倾听,不会根据自己事先的预期和立场来判断听的内容,而是理解对方的意思。

三、活动体验

两个小女孩和一个橘子的故事

两个小女孩一起走进了厨房想找橘子,但最后在厨房的桌子上只找到一个橘子。

这两个小女孩该怎么做?

把橘子一切为二,或去买另一个橘子? 还是……

看到这里,你是否想过:这两个小女孩用橘子来做什么?

如果一个女孩需要橘子皮做蛋糕的装饰,另一个女孩想用橘子肉榨橘子汁,该怎么办?

说一说

在你的日常生活交往沟通过程中,是否进行了过多假设,过于主观地揣测他人?

_____

_____

_____

_____

小编寄语 在做出反馈之前,一定要倾听对方的需求,根据对方的需求来做出反应。

做一做

折纸游戏

请大家拿出一张纸,闭上眼睛,听指令完成以下操作,在整个过程中不得进行交流。

(1)把纸顺时针旋转 180°。

(2)把纸对折。

(3)再把纸按顺时针旋转 180°。

(4)把纸对折。

(5)把纸按顺时针旋转 90°。

(6)撕掉纸的右上角。

(7)再把纸顺时针旋转 90°。

(8)撕掉纸的左上角。

(9)请睁开双眼,展开手中的纸。

第六单元　人际交往　以和为贵

(1) 为什么同样的指令,我们所看到的结果有不一样的呢?

_____

_____

_____

_____

(2) 在沟通过程中你认为有哪些重要因素?

_____

_____

_____

_____

玩一玩

嘘声与掌声

两个同学一组,一人发言,一人当听众,要求发言人无论遇到什么情况都必须说两分钟,内容自定,听众在前一分钟在听的时候东张西望,漫不经心,不与发言人作任何交流。第二分钟在听的过程中报以赞许的目光,并作一定的反馈交流,完成后角色互换。

说一说

在游戏体验中,面对前后两种听众的反应,是什么感受?在日常生活中,我们与人交流沟通过程中应注意哪些?

_____

_____

_____

_____

看一看

观看视频:《一个关于沟通与交流的简单故事》

人们会犯这样的错误:在别人还没有来得及讲完自己的事情前,就按照自己的经验大加评论和指挥。保持畅通的信息交流,才会如鱼得水,及时纠正错误,制订更加切实可行的方案。

人
文
素
养

议一议

(1)女主角真的有社交恐惧症吗?

_____

_____

_____

(2)女主角不愿与人交往的原因可能有哪些?

_____

_____

_____

_____

沟通小技巧

• **讲出来**

尤其是坦白地讲出来你内心的感受、感情、痛苦、想法和期望,但绝对不是批评、责备、抱怨、攻击。

• **不批评、不责备、不抱怨、不攻击、不说教**

批评、责备、抱怨、攻击这些都是沟通的刽子手,只会使事情恶化。

• **互相尊重**

只有给予对方尊重才有沟通,若对方不尊重你时,你也要适当地请求对方的尊重,否则很难沟通。

• **绝不口出恶言**

恶言伤人,就是所谓的"祸从口出"。

• **不说不该说的话**

如果说了不该说的话,往往要花费极大的代价来弥补,正是所谓的"一言既出,驷马难追""病从口入,祸从口出"甚至于还可能造成无法弥补的终生遗憾呢! 所以,沟通不能够信口雌黄、口无遮拦,但是完全不说话,有时候也会变得更恶劣。

• **情绪中不要沟通,尤其是不能够做决定**

情绪中的沟通常常无好话,既理不清,也讲不明,尤其容易冲动而失去理性,如吵得不可开交的夫妻、反目成仇的父母子女、对峙已久的上司下属……尤其是不能够在情绪中做出情绪性、冲动性的"决定",这很容易让事情不可挽回,令人后悔!

• **理性地沟通,不理性不要沟通**

不理性只有争执的份,不会有结果,更不可能有好结果。所以,这种沟通无济于事。

• **觉知**

不只是沟通才需要觉知,一切都需要。如果自己说错了话,做错了事,如不想造成无可弥补的伤害时,最好的办法是什么?"我错了!"这就是一种觉知。

- **承认我错了**

承认我错了是沟通的消毒剂,可解冻、改善与转化沟通的问题,就一句"我错了!"勾销了多少人的新仇旧恨,化解掉多少年打不开的死结,让人豁然开朗,放下武器,重新面对自己,开始重新思考人生。

- **说对不起!**

说对不起,不代表我真的做了什么天大的错误或伤天害理的事,而是一种软化剂,使事情终有"转弯"的余地,甚至于还可以创造"天堂"。其实,有时候你也真的是大错特错,死不认错本身就是一件大错特错的事。

- **等待转机**

如果没有转机,就要等待,急只会把事情搞糟。当然,不要凭空等待成果会从天上掉下来,还是要你自己去努力,但是努力并不一定会有结果,或舍本逐末,但若不努力时,你将什么都没有。

- **耐心**

等待唯一不可少的是耐心,有志者事竟成。

- **智能**

智能使人不执着,而且福至心灵。

- **让奇迹发生**

如果愿意互相认错,就是在替自己与家人创造了天堂与奇迹,化不可能为可能。

- **爱**

一切都是爱,爱是最伟大的治疗师。

四、活动总结

_____

_____

_____

_____

活动三　以礼待人

一、活动目标

(1)认识礼貌待人是中华民族的传统美德,要继承和发扬。

(2)懂得讲文明有礼貌是做人的基本品德,是社会交往的需要,是尊重他人的表现。

(3)愿意做一个有礼貌的人,对不讲礼貌的行为感到羞耻。

二、活动导航

看一看

观看微电影:《学校文明礼仪》

学生是学校工作的主体,因此,学生应具有的礼仪素养是学校礼仪教育的重要部分。学生在课堂上,在活动中,在与教师和同学相处过程中都要遵守一定的礼仪规范。

议一议

在你的日常生活中,遇见过哪些不文明现象? 我们在学校应该如何以礼待人?

_____

_____

_____

三、活动体验

读一读

女王敲门

有天晚上,英国维多利亚女王(1819—1901 年)与丈夫吵了嘴。丈夫阿尔伯特亲王闷闷不乐,独自回到卧室,重重地关上了门。时隔不久,女王来卧室,见门紧闭,只好敲门。

"谁?"丈夫在里边大声问。"女王!"维多利亚傲慢、大声地答道。卧室门没开,里边悄无声息,女王只好再次敲门。里边又问:"谁?""维多利亚!"女王如此回答。

卧室门照旧不开,也听不见里边任何动静。女王无奈,又再次敲了门。"谁?"这回里边的声音比前两次响得多。

女王学乖了,柔声回答:"您的爱妻维多利亚!"稍后,门缓缓地开了……

议一议

为什么维多利亚女王会吃两个闭门羹呢?

_____

_____

_____

小编寄语 女王也有吃闭门羹的时候,原因就在于门里头的人要的是平等和尊重。女王第一次敲门时是以尊贵者的姿态出现,居高临下,当然只能收获静默。女王第二次敲门,虽然语气有所缓和,但仍然是高高在上,所以阿尔伯特亲王的心门依然紧闭。第三次女王终于找到了开启心门的钥匙——平等尊重。决定人与人之间和睦相处的不是身份的高贵,而是人格的平等。

评一评

下面是同学们在日常生活中的一些表现,请大家来评一评,是对还是错,为什么?

（1）赵明明听说张林有一本《水浒传》，于是中午便私自打开他的课桌翻出来看。

（2）上自习课时，刘红做完作业，大声地背诵英语单词。

（3）小方和小刘是最要好的朋友，所以有时小刘的信件小方就先帮他拆了。

（4）晚上寝室，室友都开始睡觉了，小明还在那里弹着心爱的吉他。

看一看

观看小品：《扶不扶》

在 2014 年春晚开心麻花的小品《扶不扶》中，一句"人倒了可以扶起来，人心要是倒了就扶不起来了！"传遍了大江南北，在笑料十足的小品演绎中，不仅仅是讽刺了一个可怜而又可悲的社会现象，更多的是映射出当今社会人心的冷漠。

议一议

如果你遇到他人摔倒了，你会怎么办？

_____

_____

_____

辩一辩

拥挤的公交车上年轻人该不该给老人让座？

_____

_____

_____

四、活动总结

_____

_____

_____

_____

活动四　学会宽容

一、活动目标

（1）明白人际交往过程中发生矛盾在所难免，要正确对待矛盾。

（2）理解宽容并不只是对待自己的亲人、朋友，对待所有人都应有一颗宽容之心。

（3）培养学生宽人律己的品质。

二、活动导航

佛教是世界三大宗教之一,自公元前后传入中国的两千多年间,经长期发展,已形成具有中国民族特色的汉传佛教。在其传播与发展中,不断发生着变化与融合,可以体现在石刻造像上。莫高窟石刻造像人物特征能看出不少异域风情,而大足石刻造像人物特征却多了中国特色的世俗化。这个文化融合的过程中,包含了什么道理呢?

_____

_____

莫高窟石刻造像

大足石刻造像

三、活动体验

读一读

我还是想你,妈妈(节选)

战争结束了……我记得,我和妈妈走在街上,她提着土豆,这是在她工作的工厂里分给她的一点土豆。一个德国战俘从建筑废墟里朝我们走过来,他说:"女士,请给我个土豆吃吧。"

妈妈说:"不给你。说不定,就是你打死了我儿子?!"

德国人慌了神,吓得一声不吭。妈妈走开了。后来,她又返回身,掏出几个土豆,给了他:"给,吃吧。"

现在轮到我吃惊了,这是怎么回事?

……

妈妈教育了我,这是战争后她给我上的爱的第一课。

谈一谈

妈妈给我上的爱的第一课到底是什么?

_____

_____

四、活动总结

_____

_____

_____

_____

模块三　学习拓展

一、自我实现

（1）放下手机，与同学谈一次心。

（2）为自己的家、寝室做一次大扫除。

（3）组织同学参加一次校园卫生保洁。

（4）在公交车上遇到有需要帮助的人，让一次座位。

二、力行评价

《弟子规·泛爱众》力行评价表

序号	主题	分值	力行内容	力行评价		
				好	一般	差
1	平等博爱	10	凡是人　皆须爱　天同覆　地同载			
2	德貌才能	15	行高者　名自高　人所重　非貌高 才大者　望自大　人所服　非言大 己有能　勿自私　人所能　勿轻訾			
3	贫富新旧	10	勿谄富　勿骄贫　勿厌故　勿喜新			
4	安抚褒扬	10	人不闲　勿事搅　人不安　勿话扰 人有短　切莫揭　人有私　切莫说			
5	善恶过失	15	道人善　即是善　人知之　愈思勉 扬人恶　即是恶　疾之甚　祸且作 善相劝　德皆建　过不规　道两亏			
6	取舍得失	10	凡取与　贵分晓　与宜多　取宜少			
7	设身处地	10	将加人　先问己　己不欲　即速已			
8	恩长怨短	10	恩欲报　怨欲忘　报怨短　报恩长			
9	仁慈诚服	10	待婢仆　身贵端　虽贵端　慈而宽 势服人　心不然　理服人　方无言			
合计		100	力行评价得分			
总评			总计得分			
			等级			

注：按分值标准，在"力行评价"的相应栏打单项分，最后计算出总计得分，评出等级：优 80～100 分；良 70～79 分；合格 60～69 分；不合格 60 分以下。

三、学习心得

要求：写一篇本单元学习后的心得体会（学习收获、存在问题、解决办法），字数不少于 200 字。

四、智言慧语

(1)仁者必敬人。——《荀子·臣道》

(2)君子之于人也,当于有过中求无过,不当于无过中求有过。——程　颐

(3)君子贵人而贱己,先人而后己。——《礼记》

(4)对别人的意见要表示尊重,千万别说:"你错了。"——卡耐基

(5)为人粗鲁意味着忘记了自己的尊严。——车尔尼雪夫斯基

(6)勿以恶小而为之,勿以善小而不为。——《资治通鉴·魏纪》

(7)仁人无敌于天下。——《孟子·尽心章句下》

(8)万人丛中一握手,使我衣袖三年香。——龚自珍

(9)爱你自己要爱在最后,珍爱那些恨你的人,诚实比起腐败会给你赢得更多的好处。——莎士比亚

(10)泰山不让土壤,故能成其大;河海不择细流,故能就其深;王者不却众庶,故能明其德。——李　斯

(11)唯宽可以容人,唯厚可以载物。——薛　瑄

(12)海纳百川,有容乃大,壁立千仞,无欲则刚。——林则徐

(13)和以处众,宽以待下,恕以待人,君子人也。——林　逋

(14)最高贵的复仇是宽容。——雨　果

(15)遇方便时行方便,得饶人处且饶人。——吴承恩

第七单元

端正态度　高效学习

模块一　经典文化

一、经典原文

弟子规·亲仁

同是人	类不齐	流俗众	仁者希
果仁者	人多畏	言不讳	色不媚
能亲仁	无限好	德日进	过日少
不亲仁	无限害	小人进	百事坏

二、经典解读

【字解】

类:类别。

希:通"稀",稀少,罕见。

讳(huì):因有所顾忌而不敢或不愿说。

日:一天天,渐渐。

【译文】

同样是人,善恶邪正、心智高低却是良莠不齐。跟着潮流走的俗人多,仁慈博爱的人少(是道则进,非道则退)。如果有一位仁德的人出现,大家自然敬畏他,因为他说话公正无私没有隐瞒,又不讨好他人,所以,大家才会起敬畏之心。

能够亲近有仁德的人,向他学习,真是再好不过了。因为他会使我们的德行和学问一天比一天进步,过错也跟着减少。如果不肯亲近仁人君子,就会有无穷的祸害。因为不肖的小人会乘虚而入,跑来亲近我们,日积月累,我们的言行举止都会受影响,导致整个人生的失败。("近朱者赤,近墨者黑""宁可终年不读书,不可一日近小人")

三、经典启迪

近朱者赤,近墨者黑。我们一定要亲近知识,亲近好老师。亲仁能使我们身心得到很好地发展,而不会受到外界事物的不良影响。我们身边的一些人之所以走上了穷途末路,其中一个重要的原因,就是因为他们没有能够切实地做到亲仁。亲仁的目的在于去伪存真,扬善除恶,从而使自己进步。《弟子规·亲仁》高度强调要从小营造一个良好的交友环境,有机会亲近仁者,亲近道德高尚的人,尽量地避免与不良性格的人、不良品德的人、不良品行的人交往。从小就能够在一个芝兰之室里面,充满芳香的氛围里成长,那么,长大以后当然也是一个仁者,或者说是一个一直喜欢跟仁者交往的人。这样的孩子当然他的品德、他的教养会与日俱增,他的过错日渐减少。

四、案例链接

案例1:周公吐哺

周公是文王的第四个儿子。武王死后,年幼的成王即位,周公担负起了辅住成王的责任。他在辅佐成王时,对有才能的贤士相当礼遇。有时候,他正在用餐,如果有贤士来拜见,他会立即将口中的食物吐掉,跑出来接见他们。就是因为周公如此礼贤下士,才会有这么多的贤士来帮助他,一起把国家治理得繁荣富强。

案例2:亲仁德进

孟轲是战国时期著名的思想家,相传他小的时候,孟母为了教育他,曾经三次搬家。最早,孟轲家住在一片墓地附近,孟轲经常模仿出殡的场景。孟母怕孟轲误入歧途,就把家搬到了人多的集市上,孟轲又开始学着隔壁的商人杀猪卖肉。孟母十分担心,又把家搬到了一个学堂附近。从此,孟轲就跟着私塾里的先生专心学习礼仪,学业不断长进,孟母终于满意了,便长期定居下来。

小编寄语 小人是指增长我们自私自利与不好习惯的人,百事坏是指世间种种的诱惑围绕,自己若把持不住就有堕落的可能。我们要有辨别是非善恶的判断力与智慧,能亲贤良远小人;要选择良师益友,要有判断好坏朋友的能力,就要学习弟子规。自己的德行还没有稳固,对于一些没有德行的朋友,我们要敬而远之。

模块二　学习活动

活动一　珍惜时间

一、活动目标

（1）认识到时间的重要性，认识拖拉的危害，树立珍惜时间的思想意识。

（2）培养时间观念，学会合理安排时间。

（3）提高珍惜时间、利用时间的能力。

二、活动导航

1. 猜谜语

世界上所有事物中，什么东西既长又短，既快又慢，可无限分割也可无限延展，最易为人忽略且最令人遗憾，少了它，事情便无从发生，它不但能吞没诸物，也能赋予生命的伟大。

答案：_____

2. 计算自己一天学习时间的利用率

序号	时间类别	所需时间
1	上课时间	
2	你利用了的课余时间	
3	平均每节课多少分钟后才能集中精神听课	
4	上课时发呆时间	
5	自习课上无聊、发呆时间	
6	自习课上找东西、借东西所花时间	

计算公式：

学习时间 = 上课时间 + 自习时间 + 利用的课余时间 – 发呆时间 – 闲聊时间 – 借东西时间

一天学习时间的利用率 = 学习时间 ÷ 24 小时

我的一天学习时间的利用率是：_____

是谁偷走了我的时间？_____

三、活动体验

> **试一试**

游戏：感受一分钟

【游戏规则】

同学们听老师喊"开始"就闭眼，单腿站立，静听滴答声，一分钟后老师喊"停"再睁开眼睛。

【游戏感悟】

同学们感觉一分钟怎么样？

_____

_____

_____

_____

写一写

有的同学认为一分钟做不了什么事情，浪费一分钟无所谓。一分钟你能做什么？

_____

_____

_____

_____

读一读

2017 年一分钟的价值

一分钟，高铁能行 5000 米。

一分钟，全国人民可以创造 1.57 亿元产值。

一分钟，炼铁工人可生产钢材 1994 吨。

一分钟，中国"神威·太湖之光"超级计算机可以运行 558 亿亿次浮点运算。

一分钟，激光可以走 1800 万千米。

填一填

时间是什么？

教育家说时间就是：_____

医学家说时间就是：_____

工人说时间就是：_____

农民说时间就是：_____

议一议

小组讨论：我们应该如何珍惜时间，合理充分利用时间？

_____

_____

_____

_____

歌曲欣赏:《时间都去哪儿了》

时间是人们永恒谈论的话题,有人曾赞美时间是君子,时间永远说老实话。有人却反驳时间是无情的,吞噬一切。两种截然不同的评价无不体现时间的公正性:抓起来就是金子,抓不住就是流水。我们要和时间谈谈心,和时间交朋友,还要和时间赛跑。每一位顶尖的成功者都是一位顶尖的时间管理者,因为他们知道时间是有限的,要在每一分钟创造价值,要享受生命中的每一分钟,使每一分钟都有意义,绝不会毫无价值地浪费时间。

四、活动总结

_____

_____

_____

_____

活动二 积极实践

一、活动目标

(1)认识专业技能的重要性。

(2)掌握学好专业技能的方法。

二、活动导航

牧羊老人与国王儿子

很早以前,有个国王游兴大发,带着女儿乘船出海游玩。突然天色骤变,狂风怒吼,海浪冲天,一下子把他们的船刮到了一个陌生的国家。国王带着女儿向别人诉说他们的身份和不幸的遭遇,竟没人相信,甚至遭到耻笑。这位国王没有一分钱,只好去找活路。别人问他有什么技艺,他只是一个国王,没有一技之长。没办法,为了生存,这位国王只好给人家放牧,成了牧羊老人。

过了几年,当地国王的儿子出外打猎,碰巧遇上了牧羊老人的女儿,他被眼前的这位姑娘迷住了,发誓要娶她为妻。国王无可奈何,只好委派一名大臣去找牧羊老人提亲。不料,牧羊老人非但不震惊,反倒问:"王子有什么一技之长吗?"

大臣感到十分意外:"牧羊老人,你的女儿嫁给王子,王子有一技之长有什么用呢?普通人学点技艺,是为了养家糊口,他是国王的继承人,有的是疆土,有的是财宝,他要一技之长干什么?"

牧羊老人说:"他没有一技之长,我不会把女儿嫁给他的。"大臣只好回到宫里如实禀报。国王又派了个大臣来游说,牧羊老人照旧这样回答。

为了娶到牧羊老人的女儿,王子决定去学一门技艺。他喜欢制作陶器,于是开始学习制陶手艺。

最后,王子终于娶到了他心爱的姑娘。

人文素养

牧羊老人为什么一定要王子掌握一门技艺才将女儿嫁给他呢？结合这个故事请谈一谈你的看法。

_____

_____

_____

三、活动体验

看一看

观看视频：《高技能人才巡讲》

李斌的学历和技术水平起点并不高，1980 年从技校毕业进厂时，只是一名初级技术工人。凭着勤奋好学和刻苦钻研的精神，当了三年学徒后，李斌掌握了金属切削加工全套技能，两次出国培训，掌握了运用数控机床的四大要领。又经过三年大专和三年大学的学习，进一步奠定了他扎实的专业知识功底。他凭着一股不服输的闯劲和勇于创新的精神，在试制国际尖端产品、修正国外机床偏差、提高产品加工数控化率方面做出了突出贡献。多年来，李斌班组采用数控技术为企业增加销售额近 2000 万元；通过工艺改革、刀具国产化等措施，为企业降低成本 1000 多万元。

技校毕业生—操作工人—数控技师—高级技师—知识型、专家型工人—中华技能大奖获得者—全国十大能工巧匠—全国五一劳动奖章获得者—全国劳动模范—上海师范大学兼职教授。20 多年间独立完成技术攻关项目 162 项，直接参与新产品研发 55 项。这便是李斌成长的轨迹。

(1) 结合李斌的事例，你认为成为技能人才的关键要素是什么？

_____

_____

_____

_____

(2) 谈谈你如何对待三年的中职学习生活？

_____

_____

_____

_____

四、活动总结

_____

_____

_____

_____

活动三　虚心好学

一、活动目标

（1）认识学习态度的重要性。

（2）了解自己的学习态度。

（3）树立正确积极的学习态度。

二、活动导航

凿壁偷光

凿壁偷光,讲的是西汉著名学者匡衡年少时刻苦读书的故事。匡衡小时候家里很穷,生活十分贫困。他从小就很渴望读书,可是父母没有能力供他上学,甚至连书本也买不起,匡衡只好向别人借书来看。

某天晚上,匡衡很希望在睡前读一读书,但由于家中穷得连灯油也没有,根本没法点灯读书。正当匡衡发愁时,忽然发现丝丝的光线,正从墙壁的缝隙中透射过来,原来这是邻居的灯光。匡衡心生一计,便用凿子把那小缝挖大成一个小洞,然后捧着书,倚在墙边,利用那点微弱的光线阅读。从此,匡衡每晚就借邻居家的灯光,埋头苦读,最后成了著名的学者。

三、活动体验

议一议

1. 良好的学习态度

（1）有强烈的求知欲。

（2）刨根问底,不耻下问,积极思考。

（3）成绩好时,追求更高的目标;成绩不好时,查找原因,并努力改善。

（4）迎难而上。

（5）重视课堂效率,积极发言,积极实践。

（6）独立完成练习、实训,并尽力做到最好。

2. 不良的学习态度

（1）不求上进,只求及格。

（2）因考试成绩不理想而灰心。

（3）不求甚解。

（4）上课经常做其他的事。

（5）不积极表达自己的意见。

（6）遇到不会的问题绕过去,不愿意动手实践。

评一评

3. 评价自己的学习态度

（1）是否有强烈的求知欲和努力学习的愿望?

(2)学习是否认真？

(3)是否有主动积极的进取精神？

(4)是否自觉独立地完成各科的学习任务？

(5)没有老师和父母的督促时，你是否会主动学习？

(6)你是否没有因为看电视或与同学玩耍的时间过长而挤占了学习的时间？

(7)上课有不明白的地方，你是否在休息和放学后向老师或同学请教？

(8)学习时，你是否能努力在规定的时间内完成任务？

以上几个问题回答"是"的越多，说明学习态度越端正，否则就相反。

我的学习态度是：＿＿＿＿＿＿＿＿＿＿＿＿＿＿＿＿＿＿＿

＿＿＿＿＿＿＿＿＿＿＿＿＿＿＿＿＿＿＿＿＿＿＿＿＿＿＿＿＿＿

＿＿＿＿＿＿＿＿＿＿＿＿＿＿＿＿＿＿＿＿＿＿＿＿＿＿＿＿＿＿

问一问

4. 每天扪心自问

(1)为什么总是要等到不理想的考试成绩公布之后才想起愧对家人、朋友？

(2)为什么不能时刻把家人、朋友的期待装在心里，时时刻刻激励自己？

(3)当你上课分神或自习课漫不经心、闲聊的时候，你会感觉到背后有父母的目光正默默地注视着自己吗？

(4)今天的作业完成了吗？是很出色地完成的吗？你能坚定地拍着自己的胸膛说"我从来不抄袭别人的作业"吗？

(5)你真的努力吗？你的努力得到老师和同学的认同了吗？当考试、测验试卷发下来时，你是否又可以看着成绩拍着胸膛说"我已尽力了，我问心无愧"？

(6)今天上课是否打瞌睡了？当睡意袭来的时候，你是以积极的姿态，想方设法地战胜睡魔，还是束手就擒，呼呼睡去？

(7)当你学习懈怠的时候，是否想到父母正为你的学习费用、智力投资以及你的前途忧心忡忡？

写一写

在今后的学习中，我们该怎样培养良好的学习习惯，端正自己的学习态度？

＿＿＿＿＿＿＿＿＿＿＿＿＿＿＿＿＿＿＿＿＿＿＿＿＿＿＿＿＿＿

＿＿＿＿＿＿＿＿＿＿＿＿＿＿＿＿＿＿＿＿＿＿＿＿＿＿＿＿＿＿

＿＿＿＿＿＿＿＿＿＿＿＿＿＿＿＿＿＿＿＿＿＿＿＿＿＿＿＿＿＿

四、活动总结

＿＿＿＿＿＿＿＿＿＿＿＿＿＿＿＿＿＿＿＿＿＿＿＿＿＿＿＿＿＿

＿＿＿＿＿＿＿＿＿＿＿＿＿＿＿＿＿＿＿＿＿＿＿＿＿＿＿＿＿＿

＿＿＿＿＿＿＿＿＿＿＿＿＿＿＿＿＿＿＿＿＿＿＿＿＿＿＿＿＿＿

＿＿＿＿＿＿＿＿＿＿＿＿＿＿＿＿＿＿＿＿＿＿＿＿＿＿＿＿＿＿

活动四　学以致用

一、活动目标

(1)思考自己的兴趣、爱好、能力以及对未来生活质量目标的定位,通过和小组其他成员的沟通、探讨,使大家认识自己、了解专业,从而自我接纳,增强自信。

(2)立志做一个有知识、有目标、有理想的青年。

(3)确定未来的方向,并对自己的职业生涯做出科学的规划。

二、活动导航

掌握专业技能

技能有别于天赋,是必须耗费时间由学习、训练或工作经验才能获得的能力。专业技能又称为职业技能。政府的劳工部门,对于职业技能的鉴定使用专业证照制度,并限定某些职业必须具有证照才能从事该行业。我们在学校常说的专业技能指同学们将来就业所需的技术和能力。同学们是否具备良好的职业技能是能否顺利就业的前提。

一般企业对员工专业技能的测定主要参考以下几个因素:

(1)员工获得的技能证书。例如员工通过职业资格考试、企业培训、全国的技能比赛获得的技能证书等。

(2)企业定期通过举行技能测试、技能比赛等测定员工的技能水平。

(3)企业通过员工的工作产出评定其技能水平(如对程序开发员工作结果的评定标准有编程的效率、代码的准确度、返工率、复杂性、市场效益等)。

答一答

我现在所学的专业是:＿＿＿＿＿＿＿＿＿＿＿＿＿＿＿＿＿＿＿＿＿＿＿＿＿＿
＿＿＿＿＿＿＿＿＿＿＿＿＿＿＿＿＿＿＿＿＿＿＿＿＿＿＿＿＿＿＿＿＿＿＿＿

我通过学习本专业,可以获得的专业技能有:＿＿＿＿＿＿＿＿＿＿＿＿＿＿＿
＿＿＿＿＿＿＿＿＿＿＿＿＿＿＿＿＿＿＿＿＿＿＿＿＿＿＿＿＿＿＿＿＿＿＿＿

我可以考取的职业资格证书有:＿＿＿＿＿＿＿＿＿＿＿＿＿＿＿＿＿＿＿＿＿
＿＿＿＿＿＿＿＿＿＿＿＿＿＿＿＿＿＿＿＿＿＿＿＿＿＿＿＿＿＿＿＿＿＿＿＿

三、活动体验

辩一辩

学习专业技能

1. 重视文化知识学习

有的人认为中等职业学校学生主要应以学习技能为主,只要能实践、会操作、动手能力强就够了。因此,中等职业学校出现了"轻文化,重技能"的倾向。但也有人认为文化课更重要,文化课的知识可以提高个人的素质,文化课的学习可以充实自己的思想,一个人的素质提高了、思想进步了,有利于学习其他知识。

2. 激发动手操作兴趣

兴趣有直接、间接之分。直接兴趣是指对学习活动和教材本身直接发生兴趣。这种兴趣是学习的内在动力。正如美国心理学家布鲁纳斯指出的那样:"学习上最好的刺激是对学习材料的兴趣。"这是因为"兴趣能使脑神经细胞反应敏锐,促进大脑皮层能保持最佳状态"。所以,施莱格尔说得好:"对于我们喜欢的,就是我们的天才。"同学们选择学习的专业大多数都是自己感兴趣的,那么,我们就应该培养对课程和专业技能的兴趣,这样可以提高我们实践操作的能力。

3. 积极参与合作学习

在中职生的专业学习中,常用分组实训的方式让同学们讨论,或根据不同分工共同完成实训项目。在合作教学模式中能够充分发挥大家的主动性,建构起新的更深层次的理解和认识。所以,同学们要积极参与到合作学习中,适应单独学习向结伴学习方式的转变。

4. 认真参加企业实习

中等职业学校人才培养要与企业一线人才要求对接。所以,学校要把同学们放到企业中去,充分利用好企业的工作现场和最新的生产技术,在职业岗位上对同学们进行实践动手能力的训练。通过这样的途径,同学们在企业接触到生产实践或工程项目,进而熟悉现代化生产工艺,并通过学习先进的技术和设备,进一步充实学生的实际操作经验,使教育、训练、应用三者有机结合。因此,同学们要树立实践第一的观点,学习工人师傅吃苦耐劳的精神,培养自己爱劳动的意识,让自己认识到所学专业的科学性和严密性以及应用的广泛性。同时,同学们还可以提高社会责任心、职业道德、诚信和团队精神,最终使技能水平与就业岗位相匹配。

文化知识与专业技能哪个更重要? 你是如何看待文化知识与专业技能之间的关系的?

_____

_____

_____

_____

> 听一听

歌曲欣赏:《放飞梦想》

唐代大诗人李白说过"天生我材必有用"。拥有一技之长,远胜于拥有一笔财富。不要贪求一时之利,也不要依赖暂时的财富,真正的利益是长远的,真正的财富是无穷的。希望同学们树立自信,学得一技之长,用技能加汗水,以满腔的热情拥抱明天的希望;用熟练的技能实现自己的梦想,成就精彩的人生。

四、活动总结

_____

_____

_____

_____

模块三 学习拓展

一、自我实现

(1)把自己每天做了哪些事,用了多长时间进行记录。同学们比一比谁更省时高效。

(2)高效学习你是怎么做的?

二、力行评价

《弟子规·亲仁》力行评价表

序 号	主 题	分 值	力行内容	力行评价		
				好	一般	差
1	敬仁学道	50	同是人　类不齐　流俗众　仁者希 果仁者　人多畏　言不讳　色不媚			
2	亲仁德进	50	能亲仁　无限好　德日进　过日少 不亲仁　无限害　小人进　百事坏			
合　计		100	力行评价得分			
总　评			总计得分			
			等　级			

注:按分值标准,在"力行评价"的相应栏打单项分,最后计算出总计得分,评出等级:优80～100分;良70～79分;合格60～69分;不合格60分以下。

三、学习心得

要求:写一篇本单元学习后的心得体会(学习收获、存在问题、解决办法),字数不少于200字。

_____

_____

_____

四、智言慧语

(1)兴趣爱好也有助于天才的形成。爱好出勤奋,勤奋出天才。兴趣能使我们的注意力高度集中,从而使得人们能完善地完成自己的工作。——郭沫若

(2)一个人应当一次只想一件东西,并持之以恒,这样便有希望得到它。但是我却什么都想,结果是什么也抓不着。每次我都发现,当一个所追求的东西唾手可得时,我正在追求别的东西,太晚了。——安德鲁·加德

(3)追上未来,抓住它的本质,把未来转变为现在。——车尔尼雪夫斯基

(4)要成就一件大事业,必须从小事做起。——列宁

(5)神圣的工作在每个人的日常事务里,理想的前途在于一点一滴做起。——谢觉哉

(6)只有满怀自信的人,才能在任何地方都怀有自信沉浸在生活中,并实现自己的意志。——高尔基

(7)少说些漂亮话，多做些日常平凡的事情。——列宁

(8)决定一个人的一生，以及整个命运的，只是一瞬之间。——歌德

(9)志当存高远。——诸葛亮

(10)志不强者智不达。——墨子

(11)燕雀安知鸿鹄之志哉！——陈涉

(12)贫不足羞，可羞是贫而无志。——吕坤

(13)凡事都要脚踏实地去作，不弛于空想，不骛于虚声，而唯以求真的态度作踏实的工夫。以此态度求学，则真理可明，以此态度做事，则功业可就。——李大钊

(14)没有伟大的愿望，就没有伟大的天才。——巴尔扎克

(15)每个人都有一定的理想，这种理想决定着他的努力和判断的方向。就在这个意义上，我从来不把安逸和快乐看作生活目的的本身——这种伦理基础，我叫它猪栏的理想。——爱因斯坦

第八单元

树立理想　　职业规划

模块一　经典文化

一、经典原文

弟子规·余力学文

不力行	但学文	长浮华	成何人
但力行	不学文	任己见	昧理真
读书法	有三到	心眼口	信皆要
方读此	勿慕彼	此未终	彼勿起
宽为限	紧用功	工夫到	滞塞通
心有疑	随札记	就人问	求确义
房室清	墙壁净	几案洁	笔砚正
墨磨偏	心不端	字不敬	心先病
列典籍	有定处	读看毕	还原处
虽有急	卷束齐	有缺坏	就补之
非圣书	屏勿视	蔽聪明	坏心志
勿自暴	勿自弃	圣与贤	可驯致

二、经典解读

【字解】

行:践行。

浮:轻浮。

昧:隐藏。

慕(mù):羡慕,想着。

滞塞(zhì sè):堵塞,指学习上不懂的地方。

札(zhá)记:读书时摘记的要点和心得。

确义:确切的定义。

几(jī):书桌,茶几。

砚(yàn):磨墨的工具。

敬:工整,认真。

病:心神不定。

屏(bǐng):通"摒",摒弃。

蔽:蒙蔽。

暴:糟蹋,损害。

致:达到,实现。

【译文】

不能身体力行孝、悌、谨、信、泛爱众、亲仁这些本分,一味死读书,纵然有些知识,也只是增长自己浮华不实的习气,变成一个不切实际的人,如此读书又有何用? 反之,如果只是一味地做,不肯读书学习,就容易依着自己的偏见做事,蒙蔽了真理,也是不对的。(子曰:"学而不思则罔,思而不学则殆""君子务本,本立而道生")

读书的方法要注重三到,眼到、口到、心到。三者缺一不可,如此方能收到事半功倍的效果。研究学问,要专一,要专精才能深入,不能这本书才开始没读多久,又欣羡其他的书,想看其他的书,这样永远也定不下心,必须把这本书读完,才能读另外一本。在制订读书计划的时候,不妨宽松一些,实际执行时,就要加紧用功,严格执行,不可以懈怠偷懒,日积月累功夫深了,原先窒碍不通,困顿疑惑之处自然而然都迎刃而解了。(《中庸》:用功日久,而一旦豁然贯通焉,则众物之表里精粗无不到,而吾心之全体大用无不明矣。)求学当中,心里有疑问,应随时笔记,一有机会,就向良师益友请教,务必弄清楚它的真实之意。(敏而好学,不耻下问。)

书房要整理清洁,墙壁要保持干净,读书时,书桌上笔墨纸砚等文具要放置整齐,不得凌乱,触目所及皆是井井有条,才能静下心来读书。古人写字使用毛笔,写字前先要磨墨,如果心不在焉,墨就会磨偏了,写出来的字如果歪歪斜斜,就表示你浮躁不安,心定不下来。书籍课本应分类,排列整齐,放在固定的位置,诵读完毕须归还原处。虽有急事,也要把书本收好再离开,书本是智慧的结晶,有缺损就要修补,保持完整。(古人一书难求,故有修补之举。)

不是传述圣贤言行的著作,以及有害身心健康的不良书刊,都应该摒弃不要看,以免身心受到污染,智慧遭受蒙蔽,心志变得不健康。遇到困难或挫折的时候,不要自暴自弃,也不必愤世嫉俗,看什么都不顺眼,应该发愤向上努力学习,圣贤境界虽高,也是可以通过循序渐进的努力修学而达到的,在求学成长的道路上,困难和挫折在所难免,切不可颓废丧志,半途而废。(孟子曰:"舜何人也,予何人也,有为者亦若是!")(唐诗《金缕衣》:劝君莫惜金缕衣,劝君惜取少年时。花开堪折直须折,莫待无花空折枝。)

三、经典启迪

《弟子规·余力学文》引导我们怎么读书,启发我们怎么发展,从学文与力行,要德才兼备,读书方法要专心一致、一门深入、长时熏修、知疑善问。本章对学习的规矩、读书的目标等方面,也阐述得非常深刻。

我们一是要把读书和实践结合起来。一方面,要努力学习,同时还要身体力行,如果只知道学习,不亲身实践,就会养成炫耀自己的习惯;另一方面,如果只是一味地实践,不注意学习,就会迷失方向,偏离真理。一位人力资源经理说:"在我看来,学习能力就是一种工作能力,一个不善于学习的人,一个不知道自己该学习什么的人,往往工作能力也不会很强。"这句话值得我们深思。二是学习要养成良好的读书习惯,因为习惯决定了读书的效果。三是要善于创造一个良好的学习与成长的环境。四是凡事要持之以恒,才必有所成,天下无难事,只怕有心人。我们在做任何事情的时候,总是容易把事情的困难说在前面,实际上,最难的是我们要动手做,我们经历过的很多事情不都是这样么?

四、案例链接

案例1:学会观察,虚心好学

职员小王是个刚毕业不久的大学生,社会经验少,业务不熟悉,所幸她虚心好学。尽管目前工作还不熟练,工作效率也不是很高,但她并不气馁,一直注意向身边的每一个人学习。

一次,她从饭店出来后打了一辆车说去机场,其实她去的是机场附近的一个小区。因为是个新建的小区,一般人不知道。可是那个司机却说:"你是不是要去某某小区啊?"小王当时就吃惊地瞪圆了眼睛,连问他怎么知道。那个司机表现得像个神探,给她推理说:"我刚才看到你跟朋友道别,只是象征性地挥了挥手,看来你不是要出远门。一般人要是出差,都会有个行李箱,而你也没有,你的手里只拿了一份杂志,神情很悠闲,也不像是去接人。这么一分析,你去机场的可能性就不大,而那附近就那么一个小区,所以你只能是去那里了。"

小王非常佩服这个司机的职业水准,能够分析这么透彻,估计他一定是个很敬业的司机。果然,在接下来的聊天中,司机说自己因为爱动脑子,专业又高效率,所以,收入比同行们都要高。

> **小编寄语** 从司机身上,小王学到了什么是认真,什么是用心。有句话是这么说的:"认真做事只能把事情做对,用心做事才能把事情做好。"然而却有一些人,总将自己看得过高,觉得向别人学习有失身份,认为自己样样都最好,而别人,则个个不如自己,这样的人,怎么能取得进步呢?尤其是对于想要成为好员工的普通职员来说,这个毛病是致命的。
>
> 在生活中,我们要学会观察,虚心好学,正如案例中的出租车司机,要培养自己敏锐的观察能力,非朝夕之功,在不断地学习别人成功经验的同时,还要总结别人失败的教训,这样才会少走弯路。

案例2:行重于言,学以致用

曾国藩是清朝晚期一位赫赫有名的人物,在儒家思想熏陶下成长的曾国藩没有做一个死板的读书人,而是坚持将自己所学用在事业上,用儒家的精神力量来统领自己的军队。他信仰"经世致用",特别注重实践。他深深懂得"兵马未动,粮草先行"的道理,十分注重筹饷工作。因此,湘军的饷银是当时最高的。如此一来,士兵自然愿意为他卖命。曾国藩也很会知人善用,因此手下人才济济。曾国藩手下大将多是流落民间的低级知识分子,几乎没有人是行伍出身。这些人得到了曾国藩不遗余力的提拔和重用,因此他成为湘军独一无二的事业领袖和思想领袖,最终获得成功。

> **小编寄语** 宋代大诗人陆游有一句千古名言:"纸上得来终觉浅,绝知此事要躬行。"说的就是学以致用的重要性。正所谓:"学而不能行,谓之病;不闻不若闻之,闻之不若见之,见之不若知之,知之不若行之。"只学不用,犹如纸上谈兵,纵然胸中有千军万马,锦囊妙计,若没有付诸实践,一切都毫无意义。
>
> 在工作中也经常会出现类似的情况:企业组织培训学习,员工接受了一大堆的思想和理念,说起来头头是道,却没有几个真正把这些思想贯彻到日常的行动中,结果公司浪费了钱财,员工浪费了精力,绩效却没得到改善。这样,无论是对公司还是对员工自身的成长都极为不利。优秀的员工,不会放弃任何有助自己提升的学习机会,并且能将自己所学迅速应用到工作中,在实践中去验证、去成长,真正做到了学以致用,学用相长,业绩得到改善也自然是水到渠成的事了。

案例3:终身学习,永不落伍

英特尔公司董事长安德鲁·格罗夫先生的人生格言是:"只有偏执狂才能生存。"然而,对于白领沈小姐来说,她更相信:"只有学习狂才能生存。"虽然沈小姐已经拥有硕士文凭,但她仍然怀有一种危机感。她经常提醒自己:在知识经济时代,一切都以格罗夫所说的10

倍速度高速发展,一年不学习,你所拥有的知识就会折旧80％。所以,我必须天天学习,天天向上。

　　前段时间,沈小姐相继参加了秘书资格考试和剑桥商务英语考试。此外,她还在一所驾驶学校考到一个驾照。沈小姐说:"现在已进入一个新论资排辈的时代。每一张考来的资格证都代表你的一种工作能力,资格证是求职、加薪和升迁的阶梯。"

> **小编寄语** 　情况总是在不断地变化,要使自己的思想适应新的情况,就得学习。因此,只有不断学习,才能不断地适应外部环境的变化。一旦学习停滞了,生存就难了。
>
> 　　意大利首都罗马举行的"世界终身学习会议"不但提出"终身学习是21世纪的生存概念",还特别强调:如果没有终身学习的意识和能力,就难以在21世纪生存。
>
> 　　"终身学习"是企业发展对每一个员工提出的要求,是一种企业需求。企业要发展,需要员工不断进行创新,以此适应社会变化的形势。

第八单元　树立理想　职业规划

模块二　学习活动

活动一　与梦想签约

一、活动目标

(1)立志做一个有知识、有目标,奋发向上的青年。

(2)能够根据实际情况,找到适合自己的理想目标。

二、活动导航

哈佛大学一个非常著名的关于目标对人生影响的跟踪调查。该项调查的对象是一群智力、学历、环境等条件都差不多的年轻人,调查结果发现:

27%的人,没有目标。

60%的人,目标模糊。

10%的人,有比较清晰的短期目标。

3%的人,有十分清晰的长期目标。

猜一猜

同学们猜测一下25年以后他们会有怎样的前途与命运呢?

_____

_____

_____

_____

_____

三、活动体验

关于梦想

1. 人生需要梦想

人生是需要梦想的,它是一种精神食粮,使生活更加完美。人生的梦想有小有大,都能从不同角度影响一个人的人生轨迹。人活着,要有所追求,有所梦想,要生活得开心、快乐,这才是理想的人生。上天给我们机会,让我们来到世间走一遭,我们要珍惜,因为生命是如此的短暂,如果我们不知道珍惜,它将很快逝去,到头来我们将一事无成。

2. 梦想与目标

如果没有梦想和目标,人生会是什么样呢?

哈佛大学关于目标对人生影响的跟踪调查进行了25年,后来这些人的生活状况十分有意思。

3%的人有十分清晰的长期目标,他们25年来几乎不曾改变过自己的人生目标,一直朝着同一个方向不懈地努力。25年后,他们几乎都成了社会各界的成功人士,如企业家、行业领袖、社会精英等。

人文素养

10%的人有比较清晰的短期目标,他们大部分生活在社会的中上层。他们的共同点是,那些短期目标不断地被达到,生活质量稳步提升。他们成为各个行业里不可缺少的专业人士,如医生、律师、工程师、高级主管等。

目标模糊的60%的人大都生活在社会的中下层。他们能安稳地生活与工作,但没有什么突出的表现。

剩下的27%的人,他们是当年没有目标和理想的人,他们大都生活在社会的最底层。他们的生活都过得很不如意,部分人失业,靠社会救济,并且经常抱怨他人,抱怨社会。

讲一讲

请同学们讲一讲你们所了解的刘翔、马丁·路德·金、马云三个人的梦想和成功的事迹。他们的成功都源于他们有一个伟大的_____。

> **小编寄语**　有了目标,内心才会找到方向。毫无目标地飘荡终归会迷路,你内心那座无价的金矿也终因不开采而与平凡的尘土一样。一个人无论他现在是多大年龄,真正的人生是从开启梦想设定目标开始的,以前只不过在绕圈子而已。

读一读

我的梦想

著名探险家约翰·戈达德15岁那年,在一张白纸上一口气列举了自己的127项宏伟愿望:

(1)到尼罗河、亚马孙河和刚果河探险。

(2)登上珠穆朗玛峰、乞力马扎罗山和马特峰。

(3)驾驭大象、骆驼和野马。

(4)探访马可·波罗和亚历山大一世走过的道路。

(5)主演一部像《人猿泰山》那样的电影。

(6)驾驭飞行器起飞降落。

(7)读完莎士比亚、柏拉图和亚里士多德的著作。

(8)谱一部乐曲,写一本书,游览全世界的每一个国家。

(9)参观月球。

……

戈达德将这些愿望命名为"一生的志愿"。44年后,他实现了其中106个愿望。有人问他是凭什么将许多"不可能"踩在脚下的,戈达德笑着说了一句话:"凡是我能够做的,我都想尝试。"而在同学们现在这个年龄,如果没有理想,如果已经觉得自己好多事情都不能够做的话,那你这辈子就有可能什么也做不成。

说一说

说一说你的梦想

(1)你的梦想是什么?

_____

_____

_____

(2)你在遭遇挫折时,是否有过放弃梦想的念头?

_____

_____

_____

诵一诵

青春宣誓词

全班同学起立并大声宣誓:也许我们年少轻狂,也许我们曾经失败,也许我们彷徨迷茫,但是我们还是要大声说出我们的梦想!我们以青春的名义宣誓:即使成功远在天边,我也要勇往直前,不畏艰险;即使失败就在眼前,我也要坚守信念,挑战极限!我保证:为了父母的微笑,努力拼搏每一天;我保证:为了梦想的实现,再苦再累我也无怨!

写一写

与梦想签约

请同学们拿出课前准备好的 A4 纸,在纸上顶头处写上标题:"与梦想签约"五个字,教师组织学生(分组)在纸上写下自己的梦想,并署名和时间。课后交老师查阅。

与梦想签约

人文素养

小编寄语 梦想是心中的灯,是指路的太阳,梦想应该具有崇高的性质。有句话说得好:"人生并非尽是乐事。"你在追求梦想的旅途中,一定会遇到挫折与失败,然而没有梦想的人是不完美的! 只有克服挫折与失败,才能踏进梦想之门……

人生似洪水在奔流,不遇到岛屿和暗礁,难以激起美丽的浪花;人生恰似时针一般,其完美不在于走得快,而在于走得准;人生恰似杯子里的酒,不经三番五次的提炼,就不会可口;人生恰似一杯茶,不能苦一辈子,但总要苦上一阵子……

让我们为了自己的梦想,努力奋斗吧!

四、活动总结

_____

_____

_____

_____

活动二　职业理想

一、活动目标

(1)通过活动,营造一个真诚、尊重和温暖的小组氛围,引导大家搜集并表达出自己所了解的职业以及职业理想。

(2)思考自己的兴趣、爱好、能力以及对未来生活质量目标的定位,通过和小组其他成员的沟通、探讨,使大家认识自己、了解专业,从而自我接纳,增强自信。

(3)追求高品位的职业生活,正确进行职业定向。

(4)认识到树立理想的重要意义,对待理想有一个积极的态度。

二、活动导航

议一议

请同学们写下自己所学专业的有关认识和学习方面的问题,每人至少提出三个问题,例如我们专业有哪些课程? 这些课程与我未来职业的关系是什么? 我们将会去什么样的企业实习?(即职业理想定位)

_____

_____

_____

三、活动体验

确立职业理想

职业理想是指人们对未来所进行的行业领域、从事的工作种类以及在工作中所能获得成就的一种向往和追求。

职业理想的确立是一个动态复杂的过程，与许多因素有关。为此，我们需要了解下列职业理想确立的方法和要素。

1. 追求高品位的职业生活

职业活动是个人生活中非常重要的部分，因此，职业活动也可以称为职业生活。高品位的职业生活是指一个人将职业活动视为发展自己、服务社会、创造价值的途径和方式。追求高品位职业生活的人，能够比较好地确立远大的职业目标，正确把握生活与工作的关系；在职业活动中能够超脱个人眼前的羁绊，达到进退有序、举止从容、得失坦然的境界；做职业活动的主人，在职业活动中享受生活。

高品位的职业生活主要与职业认同度、职业胜任度和职业满意度等要素有关。

（1）职业认同度。职业认同度是指个人对职业的肯定程度。职业认同度越高，个人对职业的接受和热爱程度就越高，从事职业活动的态度就越积极；职业认同度越低，个人与职业的矛盾就越突出，参与职业活动的热情就越低，态度就越消极，甚至会厌倦职业生活。因此，职业认同度在一定程度上反映了个人生活的幸福程度。

（2）职业胜任度。职业胜任度是指个人的职业能力对职业活动的承受程度。一个人如果能够对职业活动得心应手，应对自如，就会对工作产生成就感和快乐感；反之，就会感到力不从心、心力交瘁。当一个人职业胜任度不高的时候，通常有三种选择：一是维持现状，得过且过；二是发愤图强，提升素质；三是转换职业，重新选择。三种选择中不管哪种，都有一个自我蜕变的过程，需要审时度势、从长计议，这样才有利于个人职业生涯的整体发展。

（3）职业满意度。职业满意度是指个人对职业活动和职业环境的积极评价。职业满意度和个人的职业价值取向密切相关：一个人若想得到高薪，就会以此来评判自己的工作和收入的关系；而一个人若想从工作中得到个人价值的体现，就不会计较薪水的高低，反倒会对工作的社会需要程度特别看重。职业满意度因人而异，但有一点是共同的，就是符合自己期望的职业，会给人以比较高的满意度；反之，满意度就低。

案例1：比尔·盖茨上小学时便对计算机产生了浓厚的兴趣，13岁就开始计算机编程，并预言自己25岁时将成为百万富翁。1973年，他和一个叫科莱特的小伙子同时考进哈佛大学并成为好朋友。大学三年级的时候，比尔·盖茨决定退学创业。他邀请科莱特加盟，但科莱特表示自己的学识还不够，要继续学业。十年后，比尔·盖茨成为排名世界第二的富商，科莱特也获得了哈佛大学计算机博士学位。

现在，人们经常将他俩放在一起比较，在崇拜比尔·盖茨的同时，认为科莱特缺乏创业精神；但也有人认为比尔·盖茨从哈佛退学是个美丽的错误，因为32年后，他又回到学校接受哈佛颁发的荣誉学位证书，并对媒体表示："我珍惜我的大学时代，而且在许多方面，我后悔离开学校。"

议一议

请结合上文讨论：你怎么看待比尔·盖茨和科莱特当年的选择？

_____

_____

2. 正确进行职业定向

所谓职业定向,是指对职业方向的确定,即决定自己将来从事什么样的职业活动。在这个过程中要考虑三个要素:个人的职业兴趣、社会需要和发展趋势、职业选择的环境及背景。

(1)个人的职业兴趣。职业兴趣是指一个人积极地认识、接触和掌握某种职业的心理倾向。职业兴趣对人的职业活动具有重要影响。第一,职业兴趣会引导人们关注或喜欢某种职业,然后接受并胜任这种职业。第二,职业兴趣不仅可以使人的智力和技能得到充分发挥,而且能激发人的潜能,使其在职业活动中情绪高涨,大胆探索,富有创造性。第三,研究表明:一个人如果从事感兴趣的工作,就能发挥其全部才能的 80% ~ 90%,并且能长时间保持高效率而不感到疲倦;相反,如果从事不感兴趣的工作,则只能发挥其才能的 20% ~ 30%,不但效率难以提高,而且容易厌倦疲劳。第四,一个人如果具有多方面的职业兴趣,那么当需要转换工作岗位的时候,就能很快进入角色,适应新的环境,胜任新的工作。

(2)社会需要和发展趋势。社会需要和发展趋势是指在一个历史阶段,社会对职业的需求程度和变化趋势。举个例子来说,20 世纪 90 年代初,和计算机相关的职业是社会急需的,凡能进入 IT 业的都被认为是精英,这个行业几乎所有的岗位都和高科技、高待遇、高声望相关。但随着计算机的日益普及,大量计算机人才从各级各类学校毕业,其相关职业人才就出现了供过于求的状况。同样的情况也出现在财会、法律等职业上。进行职业定向时,如果一味追逐时尚,看不到职业发展的社会趋势,在未来的职业生活中就可能处于被动地位。

(3)职业选择的环境和背景。职业选择的环境和背景是指确立职业理想时,需要考虑到自身可利用的资源和条件优势。计划经济时代,个人的就业需要服从国家的安排;而市场经济时代,个人的就业有很大的自主空间。这就是职业选择的大环境——国家政策。进入21 世纪以来,国家鼓励高技能人才脱颖而出,这就造就了一大批高技能人才楷模。个人在进行职业定向时,如果能把国家的就业政策,充分利用国家提供的大舞台,就能够将个人的成长、职业生活的幸福和国家利益紧密地结合在一起。

职业选择的小环境因人而异,比如借助所在地区的经济特色和未来走向寻求发展;比如凭借个人的职业能力,分析研究有哪些企业可以选择;比如来到一家小企业却被重用;比如从事了一项临时性的工作却对之产生了兴趣等。这些都会影响到最终的职业取向和职业理想的确立。

案例 2:法国有一家报纸曾出过这样一道有奖智力竞赛题:"如果罗浮宫发生火灾,情急之下只允许你抢救出一幅画,你会抢救哪一幅呢? 是最昂贵的、最有名气的,还是你有更为新奇的想法?"

答一答

请结合上文讨论,回答以下问题。

假如你是一位参赛者,你的答案是什么? 为什么选这个答案? 这道竞赛题的回答过程对我们确立职业理想有什么启发作用呢?

_____

_____

_____

职业理想

(1)写出你感兴趣的十个职业。

_____

_____

_____

(2)你最感兴趣的职业能给你自己带来什么？

_____

_____

_____

(3)你最感兴趣的职业又能给社会带来什么？

_____

_____

_____

(4)如何获得这个职业？

_____

_____

_____

四、活动总结

_____

_____

_____

_____

活动三　职业规划

一、活动目标

(1)了解职业生涯规划的基本知识。

(2)检视自我。

(3)学习职业生涯规划的基本方法,提升职业规划的能力。

(4)确定未来的方向,并对自己的职业生涯做出科学的规划。

二、活动导航

观看视频:《大学生就业生存战》

三、活动体验

关于职业

1. 职业的定义

职业是参与社会分工,利用专门的知识和技能为社会创造物质财富和精神财富,以获取合理报酬作为生活来源,满足精神需求的工作。

2. 职业生涯的含义

职业生涯是个人一生的工作历程,它是以时间为主线,以工作内容为载体,具有动态性和发展性。

3. 职业生涯的发展阶段

职业生涯的发展阶段是探查——个人评价——做出决定——计划——实施开发——生活、工作管理。

4. 职业生涯规划

职业生涯规划又称职业生涯设计,是指个人与组织相结合,在对一个人职业的主观条件进行测定、分析、总结的基础上,对自己的兴趣、爱好、能力、特点进行综合分析与权衡,结合时代特点,根据自己的职业倾向,确定其最佳职业奋斗目标,并为实现这一目标做出行之有效的安排。

> 练一练

如何进行职业规划

职业规划也称职业生涯规划,是指一个人基于自己的职业理想对自己一生的职业活动做一个计划、一种安排、一套方案,目的是让自己及早确立职业活动方向、目标以及实现的途径和方法。

1. 审视自己,自我评估

(1)认真回答"我是谁?"对自己的年龄、性别、兴趣、性格、学识、技能、特长等情况进行认真的自我评估。自我评估,既包括自己的反思总结,也可以请专家或职业指导机构帮助测量,对自身情况做出科学的评价。

(2)认真回答"我想干什么?"在人的心灵深处,都有一个想干什么或者想成为什么人的远大目标,这个目标是随着年龄、阅历的增长而逐渐形成的,最后锁定为自己的职业理想。可是在现实生活中,很多人并不知道自己的职业理想是什么,也不确定自己到底想干什么样的工作。因此,我们必须审视自己的心理需求到底是什么。

(3)认真回答"我能干什么?"任何职业都有对人的素质能力的要求,一个人职业的定位,最根本的依据是他的能力,而职业成长空间的大小则取决于自己的潜能。所以,首先要客观地估计自己的能力特征和适宜的职业方向,然后对照自己的兴趣和追求,将两者匹配度高的职业岗位作为职业生涯发展的参考目标。

(4)认真回答"环境支持或允许我干什么?"每个人都处在一定的环境之中,离开了这个环境,便无法生存和成长。在制订个人职业生涯规划时,要分析环境条件的特点、环境的发展变化情况、自己与环境的关系、自己在这个环境中的地位、环境对自己提出的要求,以及环境对自己职业生活空间的影响等。这样有利于在复杂的环境中趋利避害,找准职业生活的切入点,使职业生涯规划具有实际意义。

(5)认真回答"自己最终的职业目标是什么?"职业生涯的成败在很大程度上取决于有无正确、适当的目标。所以,这个决定不是轻而易举做出来的,需要个人对前面四个问题的答案进行综合分析,把自己心仪的职业目标列出来,按照性格与职业匹配、兴趣与职业匹配、特长与职业匹配、环境与职业适应的标准,选择最合适的职业,制订最有希望达到的职业目标。

(6)认真回答"我需要采取什么保证措施?"职业生涯规划是职业生活的行动纲领。在这个行动纲领里,对于保证目标实现的各种措施,包括行动步骤、策略、方法以及规划落实的检查、评价、修正、补救等,都要进行认真思考和筹划,尽可能地把详细的保证措施写下来,以便定期对照检查。

2. 归类整理,进行规划

写一写

整理自己对上述问题的回答,对自己的职业进行规划。

姓　　名		性　　别		年　　龄	
所学专业					
规　划　内　容			详　　述		
短期规划(通常为1—5年) (1)人生目标 (2)职业/岗位目标 (3)专业技术目标 (4)其他目标 (5)有利条件 (6)主要障碍及对策					
中期规划(通常为5—10年) (1)人生目标 (2)职业/岗位目标 (3)专业技术目标 (4)其他目标 (5)实施步骤 (6)策略要点					
长期规划(通常为10年以上) (1)人生目标 (2)职业/岗位目标 (3)专业技术目标 (4)其他目标 (5)实施步骤 (6)战略要点					

3. 动态规划,不断调整

影响职业生涯规划的因素很多,有些因素的变化是难以预测的。因此,要使职业生涯规划行之有效,就要对职业生涯规划进行评估与修订。其修订内容包括职业的重新选择、职业生涯目标的修订、实施措施与计划的变更等。

职业指导专家罗先生认为,职业生涯规划越早制订越好,但这不是绝对的。20多岁的人往往容易好高骛远,而30多岁的人则比较务实。年龄不是职业生涯规划的障碍,如果设计好目标,努力去实现,一般情况下,3~5年就可出成果。

职业生涯规划是一个动态过程。一个人只有在远大志向的引导下,努力学习,不断调整目标与措施,永远追求发展与可行,才能一步一个脚印地走完人生美好的职业生涯。

案例:

罗先生:

你好! 我的专业是计算机应用,2008年7月从职业学校毕业后来到广州工作,先在公司研发部做程序录入员一年,后被派到销售部做售后服务,三个月前又被调到市场部任市场调查员。经过了几次职位变动,我觉得所学的专业知识正在荒废,工作能力没有得到足够的锻炼,现在岗位又看不到好的职业前景,总是感到危机重重,您能否给我提些建议?

议一议

请结合上文讨论:如果你是罗先生,你会给"我"提出哪些建议?

_____

_____

_____

_____

_____

看一看

观看视频:《一分钟的生命》

茂密的丛林里诞生了一只绿色的小苍蝇。它刚来到这个世界上,对一切都觉得新奇。忽然,它的头上出现了一个时间牌,上面显示"1:00",看来它只有一分钟的生命。就在它奇怪之余,忽然身边匆匆飞过另一只小苍蝇,手上拿着一张长长的单子,看样子正在找东西,但是它头上的倒计时牌就剩下1秒钟了。这一秒钟以后,这只匆匆飞过的小苍蝇栽在地上死去了。这只刚出生的小苍蝇深深地震撼了,突然,它惊奇地发现头顶上的倒计时牌开始计时了,变成了59秒! 就在这时,天空中飘下一张长长的纸,上面写着死前要完成的事。这只小苍蝇便开始了它匆匆忙忙的一生:

①咬一只浣熊。②喝醉一次。③参加聚会。④飞跃最高的树。⑤鸟口脱险。⑥做一个空中特技造型。⑦谈恋爱。⑧繁殖后代。⑨围观鲸鱼。⑩救人一命。⑪蛛网逃生。⑫蹦极。⑬找到朋友。⑭种一棵树⋯⋯

四、活动总结

_____

_____

_____

_____

活动四　实现梦想

一、活动目标

(1)明白什么是梦想,什么才是自己真正的梦想。

(2)如何实现梦想。

二、活动导航

我国已经进入全面建设小康社会的新的发展阶段。经过这个阶段的建设,我国的经济将更加发达,民主将更加健全,科教将更加进步,文化将更加繁荣,社会将更加和谐,人民生活将更加殷实,从而到 21 世纪中叶,基本实现现代化,把我国建设成为富强、民主、文明的社会主义国家,实现中华民族的伟大复兴。这是数代中华儿女的雄心壮志,同时也是当代青年所肩负的历史责任。

面对一个大有作为的时代,青年学生应该在中华民族的伟大复兴中贡献青春,奉献才智,努力实现自己的梦想——人生价值。为此,我们如何做到:①胸怀祖国;②勤奋学习;③注重修养。

三、活动体验

如何实现梦想

1. 制订目标

一个人的成功离不开明确的目标与梦想,但在实现梦想的路途中,我们难免会遭遇挫折,很多人往往因为感觉梦想太遥远而放弃了。所以,实现梦想的前提就是要制订合适的目标,逐一达到目标,最终实现梦想。

议一议

请同学们相互讨论自己的短期目标与中长期目标。

(1)短期目标。

1)这个星期的目标是什么?如力行《弟子规》的所学内容;读一本和专业有关的书,提高专业知识。

2)本学期的学习、生活目标是什么？如读一本国学经典；参加1~2次志愿者服务活动；学好计算机基础这门课，提高计算机操作技能。

3)寒暑假的目标是什么？如找一份暑期工，锻炼自己适应社会的能力，并且补贴家用或挣学费。

_____

_____

_____

(2)中长期目标。

1)中职第三年你打算去什么企业实习？

2)毕业后的第一份工作是什么样？

_____

_____

_____

现阶段是形成人生理想和目标的黄金时期，只要自己每天都记下理想、目标、计划、实施、收获、改进等内容，日积月累就会形成良好的学习习惯，培养计划实施的能力，树立清晰的目标理想，就会具有人生必备的意志品质、良好心态、宽阔视野、博爱胸怀、持之以恒等素质，成为"人品"好的学生。

2. 从现在做起

同学们的理想很丰富，但是现实很残酷。有的同学虽然树立了远大理想，而且也制订了相应的目标，但在平时的学习生活中还是得过且过，特别体现在以下三个方面：

(1)闲话：别人在自习、看书，他在说笑话、说大话、说课外的话题等。

(2)闲事：把课余的时间消磨在游戏里，老师讲课他在发呆，上自习他在聊天，抄别人的作业。

(3)闲思：正听着课，思路不知不觉地到了其他无用的事上，如中午吃什么，放学后去哪儿玩，和同学吵架了，对方说了自己什么。

那么，如何控制"三闲"呢？

首先，要明确地将无用且有害的言、行、思和有用的言、行、思区分开来，一旦有了区别，潜意识就会起作用。然后，要采取控制"三闲"的办法。控制"三闲"的办法有几十种甚至上百种，每位同学都应根据自己的实际选择不同的方法。最有效的方法之一，就是尽可能多地做实事，心情不好时做喜欢做的事、难度小的事。实事做多了，形成较牢固持久的兴奋中心，"三闲"便不容易侵犯。

想一想

你平时生活、学习中的缺点应该如何改正呢？

_____

_____

_____

他是谁?

(1)他在青年时代就树立了立志报国、献身革命的理想。他在中学读书时,同学称他"身无分文,心忧天下"。1914年,他在长沙第一师范读书时,可以使用的钱款只有几块大洋,却把三分之一花在订报上,铺盖和衣服非常单薄。他与同学提出三不谈:不谈金钱、不谈身边琐事、在校期间不谈情说爱。他认为改造世界对学问知识的需要太迫切了,一定要珍惜宝贵的青春,把时间和精力花在有价值的事情上。请问这位少年是谁? （　）

(2)20世纪初,在沈阳一所小学里,校长问同学们:"你们为什么读书?"课堂上顿时寂静无声。停了片刻,一个同学毕恭毕敬地站起来回答:"读书为了寻求生路。"话音刚落,另一位同学说:"为了光宗耀祖!"这时,一位同学从座位上站起来。他,浓眉大眼,昂首挺胸,大声回答道:"为了中华民族之崛起,腾飞于世界而读书。"当时这位少年年仅12岁。请问这位少年是谁? （　）

(3)哥德巴赫猜想一直被看作数学王冠上的明珠。200多年前,有不少科学家试图征服它,并因此耗费了巨大的精力,却都没有成功。有位中国少年上中学时就暗暗立志摘取这颗明珠,他把它当作自己的事业和理想。他拼命积累知识、奋力演算难题,草稿纸装了一麻袋又一麻袋。最后终于用自己的智慧和理想的合力,移动了数学群山,摘取了数学王冠上的这一颗璀璨的明珠,发明了以他的姓氏命名的定理。请问这位少年是谁? （　）

四、活动总结

_____

_____

_____

_____

人
文
素
养

模块三　学习拓展

一、自我实现

（1）请同学们制订一份每天的学习计划 。

（2）写一写你所知道的关于梦想的名人名言。

（3）请同学们给 10 年后的自己写一封信，可以写写你现在的想法，对未来的期望等，写好后交给班主任或父母保存。10 年后，回校探望班主任时（或让父母）再拆开这封信，看看你的目标实现了没有。

（4）组织开展一次对成功人士的访谈活动。

二、力行评价

《弟子规·余力学文》力行评价表

序号	主题	分值	力行内容	力行评价		
				好	一般	差
1	知行合一	15	不力行　但学文　长浮华　成何人 但力行　不学文　任己见　昧理真			
2	用心专一	20	读书法　有三到　心眼口　信皆要 方读此　勿慕彼　此未终　彼勿起			
3	学时疑问	20	宽为限　紧用功　工夫到　滞塞通 心有疑　随札记　就人问　求确义			
4	室洁心静	15	房室清　墙壁净　几案洁　笔砚正 墨磨偏　心不端　字不敬　心先病			
5	爱书惜文	15	列典籍　有定处　读看毕　还原处 虽有急　卷束齐　有缺坏　就补之			
6	志在圣贤	15	非圣书　屏勿视　蔽聪明　坏心志 勿自暴　勿自弃　圣与贤　可驯致			
合　计		100	力行评价得分			
总　评			总　计　得　分			
			等　级			

注：按分值标准，在"力行评价"的相应栏打单项分，最后计算出总计得分，评出等级：优 80～100 分；良 70～79 分；合格 60～69 分；不合格 60 分以下。

三、学习心得

要求：写一篇本单元学习后的心得体会（学习收获、存在问题、解决办法），字数不少于 200 字。

_____

_____

_____

四、智言慧语

(1)"一个人的价值,应该看他贡献什么,而不应当看他取得什么。我从来不把安逸和快乐看作是生活目的本身,这种伦理基础,我叫它猪栏的理想。"——爱因斯坦

(2)凡是做出惊天动地的大事情的人,大多数都是被逼出来的,不管是走向辉煌的成功者,还是走向灭亡的失败者。

(3)太上曰:"祸福无门,唯人自召;善恶之报,如影随形。"——《太上感应篇》

(4)子曰:"君子泰而不骄,小人骄而不泰。"——《论语》

(5)圣人不积,既以为人,己愈有,既以予人,己愈多。天之道,利而不害,圣人之道,为而不争。——《道德经·第八十一章》

(6)夫君子之行,静以修身,俭以养德,非淡泊无以明志,非宁静无以致远。——诸葛亮

(7)读书即未成名究竟人品高雅,修德不期获报自然梦稳心安。

(8)成功需要朋友,更大的成功需要敌人。因为朋友会帮助你成功,而敌人会激励你的斗志。

(9)无论什么情况下,都不应该以牺牲自己的快乐情绪为代价,不要让自己生气的成本太高,自寻烦恼是人生最大的冤枉。

(10)永远不要在仇恨、痛苦、情绪不好的时候做决定,否则你一定会后悔。

(11)不要用别人的错误惩罚自己,也不要用自己的错误惩罚别人,更不要用自己的错误惩罚自己。

(12)世界上1%的人是吃小亏而占大便宜,而99%的人是占小便宜吃大亏。大多数成功人士都源于那1%。

(13)我们可以躲开大家,却躲不开一只苍蝇。生活中使我们不快乐的常是一些芝麻小事。

(14)世界上没有一件事是偶然发生的,每一件事的发生必有其原因。这是宇宙的最根本定律。

(15)人只有在心态放松的情况下,才能取得最佳效果。任何心态上的懈怠或急躁,都将带来不良结果。

第九单元

认识生命　　留住真情

模块一　经典文化

一、经典原文

道德经

众妙之门

道,可道,非常道。名,可名,非常名。"无",名天地之始;"有",名万物之母。故,常"无",欲以观其妙;常"有",欲以观其徼(jiǎo)。此两者,同出而异名,同谓之玄。玄之又玄,众妙之门。(第1章)

致虚守静

致虚,极;守静,笃。万物并作,吾以观复。夫物芸芸,各复归其根。归根曰(yuē 下同)静,静曰复命。复命曰常,知常曰明。不知常,妄作凶。知常容,容乃公,公乃全,全乃天,天乃道,道乃久。没身不殆。(第16章)

出生入死

出生入死。生之徒,十有三;死之徒,十有三;人之生,动之于死地,亦十有三。夫何故?以其生之厚。盖闻善摄生者,路行不遇兕(sì)虎,入军不被(pī)甲兵;兕无所投其角(jiǎo),虎无所用其爪(zhǎo),兵无所容其刃。夫何故?以其无死地。(第50章)

道法自然

有物混成,先天地生。寂兮寥兮,独立而不改,周行而不殆,可以为天地母。吾不知其名,字之曰道,强为之,名曰大。大曰逝,逝曰远,远曰反。故道大,天大,地大,人亦大。域中有四大,而人居其一焉。人法地,地法天,天法道,道法自然。(第25章)

知足常足

天下有道,却走马以粪。天下无道,戎马生于郊。祸莫大于不知足;咎(jiù)莫大于欲得。故知足之足,常足矣。(第46章)

二、经典解读

《道德经》作者——老子生平介绍

1. 老子简介

老子,姓李名耳,字聃,一字或曰谥伯阳,春秋时期陈国苦县人,约生活于公元前571年至公元前471年,是我国古代伟大的哲学家和思想家、道家学派创始人,被唐朝帝王追认为李姓始祖。老子乃世界文化名人,世界百位历史名人之一,存世有《道德经》,其作品的精华是朴素的辩证法,主张无为而治,其学说对中国哲学发展具有深刻影响。在道教中,老子被尊为道教始祖。老子与后世的庄子并称老庄。

2. 老子作品

老子在出函谷关前著有五千言的《老子》一书,又名《道德经》或《道德真经》。《道德经》《易经》和《论语》被认为是对中国人影响最深远的三部思想巨著。《道德经》分为上下两篇,共81章,前37章为上篇《道经》,第38章之后为《德经》,全书的思想结构是:道是德的"体",德是道的"用"。全文共计五千字左右。

3. 老子成就

(1)老子将"道"抽象化,概括为普遍的、无所不包的最高哲学概念。在他看来,"道"是凌驾于天之上的天地万物的本源。他还提出"天法道,道法自然"的思想。

(2)老子哲学中包含着丰富的辩证法思想。他指出,任何事物都有对立的两个方面,矛盾的双方可以互相转化。他主张只要能"守静",就可以"以弱胜强"。

(3)老子从"天道自然无为"的思想出发,倡导政治上"无为而治",以"无事取天下"。

众妙之门

【字解】

第一个"道"是名词,指的是宇宙的本原和实质,引申为原理、原则、真理、规律等。第二个"道"是动词。指解说、表述的意思,犹言"说得出"。

常:一般的,普通的。

第一个"名"是名词,指"道"的形态。第二个"名"是动词,说明的意思。

无:指无形。

有:指有形。

母:母体,根源。

妙,微妙的意思。

徼(jiǎo):边际、边界。引申端倪的意思。

谓:称谓。此为"指称"。

玄:深黑色,玄妙深远的含义。

门:之门,一切奥妙变化的总门径,此用来比喻宇宙万物的唯一原"道"的门径。

【译文】

"道"如果可以用言语来表述,那它就是常"道"("道"是可以用言语来表述的,它并非一般的"道");"名"如果可以用文辞去命名,那它就是常"名"("名"也是可以说明的,它并非普通的"名")。"无"可以用来表述天地混沌未开之际的状况;而"有",则是宇宙万物产生之本源的命名。因此,要常从"无"中去观察领悟"道"的奥妙,要常从"有"中去观察体会"道"的端倪。无与有这两者,来源相同而名称相异,都可以称之为玄妙、深远。它不是一般的玄妙、深奥,而是玄妙又玄妙、深远又深远,是宇宙天地万物之奥妙的总门(从"有名"的奥妙到达无形的奥妙,"道"是洞悉一切奥妙变化的门径)。(第1章)

致虚守静

【字解】

致虚,极;守静,笃:虚和静都是形容人的心境是空明宁静状态,但由于外界的干扰、诱惑,人的私欲开始活动,心灵蔽塞不安。所以,必须注意"致虚"和"守静",以期恢复心灵的清明。极、笃,意为极度、顶点。

作:生长、发展、活动。

复:循环往复。

芸芸:茂盛、纷杂、繁多。

归其根:根指道,归其根即复归于道。

静曰:一作"是谓"。

复命:复归本性,重新孕育新的生命。

常:指万物运动变化的永恒规律,即守常不变的规则。

明:明白、了解。

容:宽容、包容。

全:周到、周遍。

天:指自然的天,或为自然界的代称。

【译文】

尽力使心灵的虚寂达到极点,使生活清静坚守不变。万物都一齐蓬勃生长,我从而考察其往复的道理。那万物纷纷芸芸,各自返回它的本根。返回到它的本根就叫做清静,清静就叫做复归于生命。复归于生命就叫自然,认识了自然规律就叫做聪明,不认识自然规律的轻妄举止,往往会出乱子和灾凶。认识自然规律的人是无所不包的,无所不包就会坦然公正,公正就能周全,周全才能符合自然的"道",符合自然的道才能长久,终身不会遭到危险。(第16章)

出生入死

【字解】

出生入死:出世为生,入地为死。一说离开了生存必然走向死亡。

生之徒:徒,应释为类,生之徒即长寿之人。

十有三:十分之三。

死之徒:属于夭折的一类人。

人之生,动之于死地:人本来可以长生的,却意外地走向死亡之路。

其生之厚:由于求生的欲望太强,营养过剩,因而奉养过厚了。

摄生者:摄生指养生之道,即保养自己。

兕:(sì),属于犀牛类的动物。

入军不被甲兵:战争中不被杀伤。

无死地:没有进入死亡范围。

【译文】

人始出于世而生,最终入于地而死。属于长寿的人有十分之三;属于短命而亡的人有十分之三;人本来可以活得长久些,却自己走向死亡之路,也占十分之三。为什么会这样呢?因为奉养太过度了。据说,善于养护自己生命的人,在陆地上行走不会遇到凶恶的犀牛和猛虎,在战争中也受不到武器的伤害。犀牛于其身无处投角,老虎对其身无处伸爪,武器对其身无处刺击锋刃。为什么会这样呢?因为他没有进入死亡的领域。(第50章)

道法自然

【字解】

物:指"道"。混成:混然而成,指浑朴的状态。

寂兮寥兮:没有声音,没有形体。

独立而不改:形容"道"的独立性和永恒性,它不靠任何外力而具有绝对性。

周行:循环运行。不殆:不息之意。

天地母:一作"天下母"。母,指"道",天地万物由"道"而产生,故称"母"。

字之曰道:命名它叫"道"。

大:形容"道"是无边无际的、力量无穷的。

逝:指"道"的运行周流不息,永不停止的状态。

反:另一作"返"。意为返回到原点,返回到原状。

人亦大:意为人乃万物之灵,与天地并立而为三才,即天大、地大、人亦大。

域中:即空间之中,宇宙之间。

道法自然:"道"纯任自然,本来如此。

【译文】

有一个东西浑然而成,在天地形成以前就已经存在。听不到它的声音也看不见它的形体,寂静而空虚,不依靠任何外力而独立长存永不停息,循环运行而永不衰竭,可以作为万物的根本。我不知道它的名字,所以勉强把它叫做"道",再勉强给它起个名字叫做"大"。它广大无边而运行不息,运行不息而伸展遥远,伸展遥远而又返回本原。所以说道大、天大、地大、人也大。宇宙间有四大,而人居其中之一。人遵循地的规律,地遵循天的规律,天遵循道的规律,道遵循自己的规律——自然。(第25章)

知足常足

【字解】

却:退回。

走马以粪:粪,耕种,播种。此句意为用战马耕种田地。

戎马:战马。

生于郊:指牝马生驹于战地的郊外。

故知足之足,常足矣:知道满足的这种满足,是永远满足的。

【译文】

治理天下合乎"道",就可以做到太平安定,把战马退还到田间给农夫用来耕种。治理天下不合乎"道",连怀胎的母马也要送上战场,在战场的郊外生下马驹子。最大的祸害是不知足,最大的过失是贪得的欲望。知道到什么地步就该满足了的人,永远是满足的。(第46章)

三、经典启迪

老子的《道德经》第1章就是告诉大家以后要常从"无"中去观察领悟"道"的奥妙,要常从"有"中去观察体会"道"的端倪。下面的句子能够更好地表达:"此两者同出而异名,同谓之玄,玄之又玄,众妙之门。"就是说,此两者来源相同而名称相异,都可以称得上玄妙、深远。但是,它并非一般的玄妙、深奥而是玄妙又玄妙,深远又深远。是宇宙万物天地之奥妙的总门。

先有物质存在就是"道",后有意识产生就是"名",这就是两千年前老子提出的唯物论观点。与马克思主义的:"物质第一性,意识第二性。"的唯物论观点是不谋而合的。名和道,都出自同一个事物,一个是客观存在;一个是对存在的认识。认识是在否定的过程中不断发展的,不断地否定、肯定,再否定、再肯定,事物的本来面目就揭示出来了。与今天人们所说的从感性认识到理性认识的过程,是和否定之否定过程的哲学思想有着异曲同工之妙!这就是老子所说的"玄之又玄,众妙之门"的深刻内涵所在。

与天地相比,个人永远是微不足道的;与岁月相比,人生永远是短暂的;与世界万物相比,人的作为永远是渺小的。人,永远没有资格骄傲,永远不应该自满。我们要以一颗谦卑的心,来认识天地间的万物;要以有限的生命,来做好自己能够做到的事情。人生天地间,我们永远没有资格骄傲。

社会环境对我们每个人总是公平的,不要认为自己的困难比别人的多,自己的能力比别人的强,自己的付出比别人多,自己的收获比别人少。人为地控制,只能增加控制的烦恼,顺其自然,是最省事的方法。

四、案例链接

案例1:孔子与老子的对话

在《庄子·外篇·田子方》里记载过一段孔子与老子的对话,原文如下:"孔子见老聃,老聃新沐,方将被发而干,蛰然似非人。孔子便而待之。少焉见,曰:'丘也眩与? 其信然与? 向者先生形体掘若槁木,似遗物离人而立于独也。'老聃曰:'吾游心于物之初。'孔子曰:'何谓邪?'曰:'心困焉而不能知,口辟焉而不能言。尝为汝议乎其将:至阴肃肃,至阳赫赫。肃肃出乎天,赫赫发乎地。两者交通成和而物生焉,或为之纪而莫见其形。消息满虚,一晦一明,日改月化,日有所为而莫见其功。生有所乎萌,死有所乎归,始终相反乎无端,而莫知乎其所穷。非是也,且孰为之宗!'孔子曰:'请问游是。'老聃曰:'夫得是至美至乐也。得至美而游乎至乐,谓之至人。'"

这一段话的大概意思是:孔子有一次去见老子,迫不及待跨入室内,正赶上老子刚洗完头发,老子披散头发,他的神情木然像灵魂脱体远游去了一般。孔子急忙回避,退到室外等待,过一会儿入见,老子从刚才的状态里出来了。孔子就问:"是我眼花,还是真的呢? 我刚才看见先生你的身体独立不动而像槁木,精神独立时又像遗弃万物、离开众人而独立自存的。"老子说:"我刚才神游到万物初生的混沌虚无之境。"孔子说:"这是什么意思呢?"老子说:"心困惑于它而不能知其存在,口对它开而不能言说。"这就是老子《道德经》里讲的"道,可道,非常道"的状态。老子接着对孔子说:"我试着为你议论一下它的大略:天地间存在的至阴之气,肃肃然感到阴冷,而至阳之气赫赫然,很温暖。这至阴之气出于天,炎热之气发于地。两者相互交通,和合而生成万物。谁为这一切的纲纪而又不见它的形体呢? 消亡又生息,盈满又空虚,一暗一明,日日改变,月月转化,每日有所作为而不见其功效。生有所萌发之处,死有所归往之地,始终相反没有边际,而不知其穷尽。没有它,谁来作主宰啊!"孔子说:"请问先生神游大道之情形。"老子说:"能神游于此,能得至美至乐。能得至美而游于至乐,就叫至人。"

> **小编寄语**
>
> 老子对道如何生化万物,但又存在其用、不见其形的状态做了描述。那个时代没有现代的高科技可以观察到物质的极微存在,但老子发现了这极微的存在,靠的是什么? 靠的是悟证,是修身修道所达到的能触摸到"形而上道"的悟证,也就是老子自己说的"游心于物之初"。他的"心",那个精神境界乃至"精神生命",可以与万物产生之初的"道"相合,从而窥见了道生化万物的奥秘。这就是老子的伟大之处。

人
文
素
养

案例2:驯服狮子

一位妇女因为丈夫不再喜欢她了而烦恼。于是,她乞求神的帮助,教会她一些吸引丈夫的方法。神思索了一会儿对她说:"我也许能帮你,但是,在教会你方法前,你必须从活狮子身上摘下三根毛给我。"

恰好有一头狮子常常来村里游荡,但是,它那么凶猛,一吼叫起来人都吓破了胆,怎么敢接近它呢? 但是,为了挽回丈夫的心,她还是想到了一个办法。

第二天早晨,她早早起床,牵了只小羊去那头狮子常出现的地方,放下小羊她便回家了。以后每天早晨她都要牵一只小羊给狮子。不久,这头狮子便认识了她,因为她总是在同一时间、同一地点放一只温顺的小羊讨它喜欢。她确实是一个温柔、殷勤的女人。

不久,狮子一见到她便开始向她摇尾巴打招呼,并走近她,让她敲它的头,摸它的背。

每天女人都会站在那儿,轻轻地拍拍它的头。

女人知道狮子已完全信任她了。于是,有一天,她小心地从狮子鬃上拔了三根毛,激动地拿给神看。神惊奇地问:"你用什么绝招弄到的?"

女人讲了经过,神笑了起来,说道:"以你驯服狮子的方法去驯服你的丈夫吧!"

小编寄语 善待他人,连驯服狮子都可以做到,世间还有什么做不到的呢? 善待周围的一切,周围的一切都会听从你的安排。

模块二 学习活动

活动一 生命教育

一、活动目标

(1)懂得生命的重要性,明白生命只有一次,应该珍视自己的生命,学会对生命负责。

(2)检视自己的不良生活习惯,从健康出发,重视提升生命的质量。

二、活动导航

老子的生命观

如何敬畏生命,如何珍爱生命,如何善待生命,如何提高生命的质量?对这些问题,老子为我们做出了富有启示的论述。我们一起来领略一下老子的生命观。

老子在《德经》第 59 章中,提出了"长生久视"的理念。他认为生命的展开过程是可以延伸的,成为老子"生命观"中的一项重要内容。《道经》第 33 章说:"死而不亡者寿"意思是肉身虽死,"道"还存在的才叫长寿。从生命的现象来考察,自然生命、社会生命和超越生命三者构成了生命的全部内涵,其中自然生命代表生命的原始形态,社会生命代表生命的现实过程,超越生命代表生命的理想归宿。

老子在《道经》第 10 章中说:"载营魄抱一,能无离乎?专气致柔,能如婴儿乎?"意思是谁能使灵魂与真道合一,毫无离隙呢?谁能使血气变得柔顺,像婴儿一样呢?

老子对生命价值与意义的看法:

他是从贵德、重生两个维度来探究其生命的价值所在。①"贵德":老子所谓"贵德"乃是立足在揭示宇宙基本原理和运行规律的基础上展开论述的。"遵道"乃是"贵德"的理论依据。"道"为行而上,"德"为行而下。《德经》第 51 章说:"是以万物莫不尊道而贵德。"意思是所以万物没有不敬畏大道、不珍惜恩德的。着眼点在于"德"其为道的化身,是"道"的具体表现。②"重生":道家极其重视个体的生命价值,这集中反映在老子的"重身惜生"的思想中。"重身、贵身、爱身、惜身"是道家对待个体生命的基本态度和一贯主张。(儒家对待生命的一贯主张是尊重生命、珍惜生命)。老子在《道经》第 13 章中说:"故贵以身为天下,若可寄天下;爱以身为天下,若可托天下。"意思是所以舍弃肉身性命去为天下的人,堪为普天下的寄托;舍弃肉身性命去爱天下的人,堪得普天下的信靠。

老子对个体生命的重视还体现在"惜生"的思想中,老子一贯珍惜生命,反对战争。老子认为生的状态就是柔弱,主张"守柔",力图通过守柔而守生。老子反对人为地"求生""厚生""益生""贪生"。老子的"惜生"思想与"重身"思想是一致的,都体现了对个体生命的重视。

谈一谈

从老子的生命观出发,你们是怎样认识生命的?谈谈自己的看法。

_____

_____

三、活动体验

观看视频:《生命来之不易 Everyone is No. 1》

2007 年 8 月,刘德华作为爱心大使,发布了自己填词的 2008 年北京残奥会单曲《Everyone is No. 1》(《每个人都是第一名》)。在 MV 中,刘德华装上义肢,扮演一位因车祸截肢而对生活失去希望的快递员。这位快递员自从看到残疾运动员在赛场上奋勇拼搏后,决心振作起来直面人生,他的信念也感染了身边那些同病相怜的人。

唱一唱

《Everyone is No. 1》

我的路不是你的路　我的苦不是你的苦　每个人都有潜在的能力　把一切去征服

我的泪不是你的泪　我的痛不是你的痛　一样的天空不同的光荣　有一样的感动

不需要自怨自艾地惶恐　只需要沉着只要向前冲　告诉自己:天生我才必有用,Everyone is No. 1.

> **小编寄语**　歌曲《Everyone is No. 1》向我们传递了这样的信息:希望所有人都能学习残疾运动员自强不息的精神,并且给予他们更多的关注与支持。一个身体残缺的人都能够站起来,更何况是肢体健全的人呢? 在生命的领域里,只要肯努力,每个人都是第一名,都是生命的第一名。

试一试

体验母亲孕育生命

【体验方法】

每个小组派一名代表(男女皆可),将一个篮球绑在肚子上,做弯腰,捡地上的东西,蹲下系鞋带、上下楼梯、模拟挤公交车等动作。每个同学均可以在课外进行体验。

【体验感悟】

_____

_____

_____

想一想

我们的生命来之不易,那么,你思考过"我的生命属于谁"这个问题吗?

第九单元　认识生命　留住真情

第一、生命属于自己。生命的长度由自己决定,或长或短;生命的色彩全由自己描绘,或鲜艳,或暗淡。

第二、生命属于父母。当你来到这个世间,你的生命便和父母紧紧相连。你是父母的骨肉,是父母生命的延续。你在,父母的希望就在。

第三、你的生命属于全家。你的出生给家庭带来了无限欢乐。回家和家人在一起度过的中秋、除夕,多少欢声笑语,多少开心往事。你寄托了全家人的希望,靠你去实现全家人没能实现的愿望。因此,从这个角度来说,你的生命属于你的家人,属于所有爱你和关心你的人。

小编寄语 生命是短暂的,不可以重复,每个人的生命只有一次。生命如花,我们都应该珍惜生命中的每一天,热爱生活,努力学习。

生命教育,即是直面生命和人的生死问题的教育,其目标在于使人们学会尊重生命、理解生命的意义以及生命与天人物我之间的关系,学会积极的生存、健康的生活与独立的发展,并通过彼此间对生命的呵护、记录、感恩和分享,由此获得身、心、灵的和谐,事业成功,生活幸福,从而实现自我生命的最大价值。

生命教育,既是一切教育的前提,同时还是教育的最高追求。因此,生命教育应该成为指向人的终极关怀的重要教育理念,是在充分考察人的生命本质基础上提出来的,符合人性要求,它是一种全面关照生命多层次的人本教育。

生命教育,不仅是珍爱生命,更要完整地理解生命的意义,积极创造生命的价值;生命教育不仅是关注自身生命,更要关注、尊重、热爱他人的生命;生命教育不仅是惠泽人类的教育,还应该明白让生命的其他物种和谐地同在一片蓝天下;生命教育不仅是关心今日生命之享用,还应该关怀明日生命之发展。

四、活动总结

_____

_____

_____

_____

活动二 关爱生命

一、活动目标

(1)通过活动,体验到生命的价值意义,对生命的尊重,对生命的爱护,不是自私的行为。

(2)通过活动,树立和培养如何关爱自己和他人生命的意识和能力。

(3)感恩父母,提高关爱生命的情感能力。

二、活动导航

读一读

(1)某地的一位中学生,因为他的父母对他寄予很大的希望,所以对他要求很严格。而这个学生成绩也不错,但似乎总是不能让父母满意,为此,常与父母闹矛盾。终于有一天,这个学生在"无奈"的情况下,选择了自杀寻求解脱。

(2)某市一个13岁少年因与父母就学习问题发生争执纵身跳下了7楼,结束了自己年轻的生命。

(3)16岁学生陈某用亲人给的压岁钱长时间地打电子游戏。当晚,在家人对其教育时,陈某进入家中卫生间,久久不出。家人发现情况不妙,冲入卫生间,发现陈某已用两条毛巾将自己吊死在水管上。

(4)一高三考生,因高考成绩估分不理想,竟在家自杀,而高考成绩揭榜时,她的高考总分却超过本科分数线33分。

(5)因为没能在演唱会现场和喜爱的歌星面对面地说上一句话,一名19岁女孩吃下80片安眠药自杀。

(6)全球每年有100万人死于自杀,而中国就有25万人。在这些自杀的人中,青少年占很大的比例。据世界太平洋保险组织专家分析,这些人自杀的主要原因在于心理素质差,承受困难的能力差。

议一议

读完以上6个案例,同学们有何感想,请分组讨论:

_____

_____

_____

三、活动体验

读一读

1. 关爱生命

(1)桑兰,原中国女子体操队队员,1993年进入国家队,1997年获得全国跳马冠军。1998年7月22日,桑兰在第四届美国友好运动会的一次跳马练习中不慎受伤,造成颈椎骨折,胸部以下高位截瘫。然而坚强的她没有沮丧,而是坦然地接受了命运的挑战,从北京大学新闻系毕业,并成为2008年北京申奥大使之一,并担当北京奥运官方网站特约记者。她始终坚持以自己的方式实现着奥运梦想。

(2)2004年,云南大学学生马加爵杀害四名同学一案震惊全国。面对公安人员的讯问,马加爵的回答是因为一次打牌吵架,所以杀人。四名同窗好友的宝贵生命在马加爵眼里如同草芥,他可以毫无顾忌地用杀戮泄愤。

以上两个案例,同样是面对挫折,这两个人的态度为什么会有这么大的区别?如果是我们,该怎样面对生命的挫折和困难呢?

写下你曾经遇到过的挫折:

_____

_____

你是如何面对和处理挫折的?

_____

_____

_____

面对困难和挫折,你选择哪种人生观念?

我对待人生的观念是:_____

_____

小编寄语 世界上没有十全十美的生命。在肯定、尊重、悦纳、珍爱自己生命的同时,也应同样善待他人的生命。当自己的生命受到威胁时,不轻言放弃,不丧失生的希望;当他人的生命遭遇困境需要帮助时,尽自己的能力援助他人。记住:悦纳自己,善待别人,永远不放弃生的希望。

2. 如何关爱生命

(1)健康生活,提升生命质量。

你知道怎样才算健康吗? 健康是指一个人在身体、精神和社会等方面都处于良好的状态。

以下是目前学生中存在的不健康的生活方式,对照自己,你符合其中几种?

①极度缺乏体育锻炼。②有病不求医。③缺乏定期体检。④不吃早餐。⑤与家人缺少交流。⑥长时间待在空调房间中。⑦常坐不动。⑧不能保证睡眠时间。⑨长时间面对计算机或手机。⑩三餐饮食无规律等。

我存在的不健康生活方式有:_____

_____

_____

人文素养

小编寄语　让我们看看长寿老人的经验:性格开朗,心态平和,思想单纯,忠厚传家,与世无争,对生活没有苛求,没有嫉恨,知足常乐。他们人际关系良好,邻里互相关照,生活规律,睡眠充足,早睡早起,常年坚持劳动和家务。他们比较讲究卫生,注意自我保健,很少吃药。

学一学

我也可以向长寿老人学习,我可以做到:_____

_____

_____

健康不仅指身体的健康,也包括心态的健康,不同的心态塑造不同的人生。乐观、积极的人助自己成功,让自己快乐地活着;悲观消极的人让自己永远活在阴霾里,在绝望中痛苦地徘徊。你的心态健康吗?根据我国青春期人群的心理活动特点,达到心理健康应具备以下六个心理品质:

1)智力发育正常,即个体智力发展水平与其实际年龄相称。

2)稳定的情绪。尽管会有悲哀、困惑、失败、挫折等,但不会持续长久。

3)能正确地认识自己,清楚自己存在的价值,有自己的理想,对未来充满信心。

4)有良好的人际关系。尊重理解他人,能够学习他人的长处,友善、宽容地与人相处。

5)有稳定、协调的个性,能对自己的个性倾向和个性心理特征进行有效控制和调节。

6)热爱生活,能充分发挥自己各方面的潜能,不因挫折和失败而对生活失去信心。

查一查

我在哪些方面有所欠缺?

_____

_____

_____

(2)生命在于运动。

我们为什么要锻炼?锻炼的好处在于:

1)体育锻炼有利于人体骨骼、肌肉的生长,增强心肺功能,改善血液循环系统、呼吸系统、消化系统的机能状况,有利于人体的生长发育,提高抗病能力,增强有机体的适应能力。

2)降低儿童在成年后患上心脏病、高血压、糖尿病等疾病的机会。

3)体育锻炼是增强体质最积极、有效的手段之一。

4)可以防止过早地进入衰老期。

5)体育锻炼能改善神经系统的调节功能,提高神经系统对人体活动时错综复杂的判断能力,并及时做出协调、准确、迅速的反应;使人体适应内外环境的变化,保持生命活动的正常进行。

不同体质的人要采取不同的运动方式。很多人不知道如何选择适合自己的运动方式。有些人根据自己的兴趣爱好来选择,但其实并不适合自己的体质,导致因运动方式不适合而未能坚持或者因没有显著效果而放弃;有些人甚至因为运动方式不当造成损伤,如肌肉拉伤。所以,选择一个适合自己的运动方式是很重要的,不仅可以锻炼身体,也可以保持身心愉悦。

身体瘦弱、脂肪少、肌肉力量不足、体力不佳的人在运动的时候,应该先慢慢地增强体力,可以做散步、快步走、慢跑、有氧瑜伽等运动,慢慢地增强肌肉的力量、持久力和身体的柔韧度,然后再进行其他力量运动。

有些人看起来瘦弱但却有很多脂肪,这类人的肌肉力量和内脏器官功能往往不好,适合的运动是步行、爬楼梯、跳绳、转呼啦圈、游泳等促进脂肪燃烧的运动。体重过重且脂肪多的人应该多做有氧运动,如游泳。还可以做静态伸展运动,不可以做剧烈运动,因为肥胖的人往往有高血压的征状。

体重在标准范围内,但臀部、臂部以及腹部到大腿的脂肪超过标准的人,只要肌肉和关节没有问题,任何运动都可以参加,如打球、游泳、骑马等,但如果不经常锻炼就不能突然进行剧烈运动,如 800 米赛跑。运动前的热身活动也是必不可少的。

写一写

(1)现在根据你的体质,你要采用哪些锻炼方式呢?

_____

_____

_____

(2)我最擅长的体育项目:_____

_____

_____

四、活动总结

_____

_____

_____

_____

活动三 恋爱教育

一、活动目标

(1)树立学生对青春期生理和性心理的正确认识。

(2)懂得与异性交往时应坚持有益、健康的活动,避免庸俗低级的内容。

(3)明白和珍惜青春期的纯洁友谊。

(4)从正面引导如何对待自己的感情。

二、活动导航

青春期恋爱可以调节单调的学习生活,缓解学习的压力,提高学习的积极性;在恋爱过程中,青少年可以学习与异性相处的技巧,克服交际胆怯心理,还可以学习异性的思维方式、处理问题的能力,比如学会坚强、勇敢、关心、体贴等;恋爱可满足青春期情感需要,缓解与父母矛盾的关系;提高文字表达能力;在生活、学习、精神上得到来自异性的帮助,每天心情愉快;恋爱可使个人发掘、完善自我,学会装扮自己、表现自我等,变得更加可爱。

想一想

你的恋爱观是什么?

_____

_____

_____

三、活动体验

青春期的生理和心理变化

进入中职学校学习的学生年龄一般都在 15～18 岁,正处在青春期,在生理和心理方面有着共同的特点。

1. 生理方面

第二性特征出现,如男性表现为喉结突出,声音变粗,长胡须,阴毛、腋毛先后出现。女性表现为声音高亢,乳房发育,骨盆变宽,臀部变大,阴毛、腋毛先后出现。进入青春期的青少年不但身高、体重迅速增长,神经系统和内脏器官的生理功能也在迅速增强,身体发育逐渐成熟。

2. 心理方面

思想高度发展,能有系统、合乎逻辑地掌握知识,理解能力不断提高并接近成人。活动中的主动性、进取精神及自制力明显增强。但由于身体成熟和思想发展的不平衡,在意志上有受情绪影响而波动的现象。

青春期最突出的特点是性发育,所以又称为性成熟期。青春期性心理有三大特征:一是性渴望,二是性萌动,三是性幻想。随着性意识的发展,对异性敏感和关注,愿意接近甚至倾慕异性,异性效应显著增强。

读一读

沙弥思老虎

五台山上有个老和尚,收了个三岁的小男孩做沙弥。师徒二人在五台山最高的山顶上修行,从来不下山。

过了十几年后,老和尚带着刚成年的沙弥下山观光。因为长时期离群索居,沙弥见了牛羊鸡犬都不认识。老和尚一一告诉徒弟:"这叫牛,可以耕田;这叫马,人可以骑;这叫鸡,可以报晓;这叫狗,可以守门。"

沙弥觉得新鲜,一会儿有个少女走了过来,沙弥惊问道:"这又是什么?"老和尚害怕他动了凡心,因而正色地说:"这叫老虎,人要接近它,就会被它咬死,尸骨不存。"沙弥答应着。晚上回到了山顶,老和尚问道:"你今天在山下所见的东西,可有现在还在心头想念的吗?"沙弥回答说:"别的都不想,只是想那吃人的老虎。"

说一说

这个故事说明了什么?

_____

_____

_____

辨一辨

通过以上故事,同学们可能会认为:处于青春期的学生,生理和心理都有成人化的趋势,所以,对异性产生爱意或是恋爱行为是青春期的普遍情况,是生理与心理发育的必然结果。真的如此吗?

_____

_____

_____

_____

小编寄语 情窦初开是一种最原始的自然情感,它纯洁、真诚,毫无装腔作势之情。在青春期这一阶段,少男少女的心里,异性间爱慕、欣赏、吸引就是一切,不加任何条件。少男少女对爱情的一个最大误解就是以为浪漫激情就是爱情。然而,青春期的浪漫激情多半出自性动机,性动机实属自然,但却不专一、不长久。由性动机驱使的激情,美丽而脆弱,浅薄而短暂。

四、活动总结

_____

_____

_____

_____

活动四 把握情感

一、活动目标

(1)防范青春期恋爱可能出现的危害。

（2）唤起男生尊重女生，女生保护自己的意识。

（3）培养如何与异性交往。

二、活动导航

19 世纪，德国诗人歌德曾写下著名的诗句："哪个少男不钟情，哪个少女不怀春？"

的确，随着青春期的悄然来临，一股说不清、道不明的情愫便悄悄地在少男少女的心中潜滋暗长了。但是，你听说过这些事例吗？

事例1：某中职生 16 岁，家境一般，因为女朋友过生日没钱送礼物便动了歪念，先后三次持刀抢劫，用抢来的钱为女朋友买了一部苹果手机，结果锒铛入狱。

事例2：某女中职生 17 岁，因恋爱怀孕，一直不敢告诉父母、老师，最后在宿舍厕所中产子。由于害怕被人发现，把婴儿从楼上丢下致婴儿死亡。

面对这些让人扼腕叹息的后果，处于青春期的你有没有在心中问自己："爱，我准备好了吗？"

议一议

你赞成中职生谈恋爱吗？为什么？

_____

_____

_____

三、活动体验

想一想

1. 防范青春期恋爱可能带来的危害

根据社会调查显示，我国高中阶段学生曾经恋爱过和正在恋爱的比例较高，由此带来的社会问题也逐渐增多。对此，你是怎么看的呢？

青春期恋爱的益处：_____

_____

青春期恋爱的危害：_____

_____

从青春期青少年的生理、心理特点和青春期恋爱的各种情况综合来看，青春期恋爱通常存在的危害有影响学习，和成年人相比更容易受到心理伤害，有可能威胁身体健康（如少女怀孕），容易产生过失行为等。那么，我们应该如何防范危害呢？

（1）交往双方一定要互相尊重，珍爱自己，以诚相待。

（2）要从思想上和行为上分清友谊与爱情的界限。

（3）我们既要反对男女之间"授受不亲"的传统观念，又要注意"男女有别"的客观事实。

（4）应多在集体活动中交往。若是单独相处时，一定要注意选择好环境和场所，尽量不要在偏僻、昏暗处长谈。

（5）男女生交往中，女生要自尊、自重，男生要有自制力。

2. 如何处理异性的示爱

每一个步入青春期的少男少女随着生理的逐步成熟，会开始关注异性，并希望了解他们，与他们交往，这是一种正常的心理现象。绝大多数同学都"早恋"或"单恋"过一个自己很喜欢的异性。关键是同学们如何正确地处理早恋和男女生正常交往的关系，不要过分地敏感，不要以为异性对你好一点就是相爱，也不要动不动就向他人表达爱意。当有人向你表示爱意或求爱时，当你对异性萌生爱意时，可采取如下方法：

（1）转移法。把精力转移到学习上去，用探求知识的乐趣来取代不成熟的感情。

（2）冷处理法。逐步疏远彼此的关系，以冷却灼热的恋情。

（3）搁置法。终止恋情，使双方的心扉不向对方开启，保持纯洁而珍贵的友谊。

议一议

情景一：当有异性同学邀请你："这个周末我们一起去郊游，行吗？"你会怎么做？

_____

_____

_____

情景二：收到"情书"后。

小王是一个容貌秀丽、品学兼优的女生，与学习困难的男生小李同桌，小李经常向小王请教学习上的问题或借一些学习用品。有一天，小王正在做数学作业，一张小纸条悄悄地传到她的面前，纸条上写着："我非常喜欢你，做我的女朋友，好吗？"小王心里"咯噔"了一下，脸唰地红了，不知如何是好。

请你为小王出出主意，她该怎么办？

_____

_____

_____

小编寄语 教育家陶行知先生曾这样教育青少年：每个人，无论男女，到了一定年龄是要谈恋爱，要过家庭生活的。但是，如树上的果子，是熟的好吃，还是生的好吃？花季的情感是一种最美好的情感，然而如果处理不好，就会毁了自己的一生。人生每个阶段都有每个阶段的使命，我们千万不可以在春天就去挥霍夏天。莫让情感的航船过早地靠岸。人生和爱情一样，错过了爱情就错过了人生。爱情是人生的重要组成部分，但不是全部。有些人正是把爱情当作了人生的全部，不完美的爱情生活会毁了真正的人生。人生只有一次，而爱情会有许多选择。

人文素养

四、活动总结

_____

_____

_____

_____

模块三　学习拓展

一、自我实现

(1)课外阅读美国作家杰克·伦敦的小说《热爱生命》。

(2)写一篇"我对生命、恋爱和情感的认识和体会"的文章。

二、力行评价

【问卷调查】

中职生青春期情感现状调查

本次问卷调查是为了解各位同学的青春期情感现状,为相关研究提供数据。本次问卷共13题,请根据自己的真实感受选择相应的选项。除特别标注外,均为单项选择。本次调查采用不记名方式,调查结果严格保密,因此,不会给你带来任何麻烦,请认真作答。谢谢你的合作!

性别:　　年龄:　　班级:　　家庭情况:○ 双亲　○ 单亲

(1)如果你周围的同学谈恋爱,你怎样看待这一行为?(　　)

A. 支持,谈恋爱是青春期正常需求

B. 反对,谈恋爱会对学习、生活产生负面影响

C. 无所谓,谈恋爱很美好,但要三思而后行,不要影响前途

(2)你认为怎样算是谈恋爱了?(　　)

A. 有与某个异性在一起的想法　　　　B. 牵手

C. 拥抱　　　　　　　　　　　　　　D. 接吻

E. 性行为

(3)你有谈恋爱或类似的经历吗?(　　)

A. 正在进行时　　　　　　　　　　　B. 有过

C. 只有朦胧的情感体验　　　　　　　D. 没有

(4)你周围的同学谈恋爱后,他们有什么变化?(　　)

A. 变得很敏感,情绪波动大　　　　　B. 增加了学习的动力,学会关心别人

C. 没有变化

(5)如果你喜欢一个人,会是他(她)的哪些方面吸引了你?(多选)(　　)

A. 外表　　　　　　　　　　　　　　B. 家庭背景

C. 个人修养　　　　　　　　　　　　D. 个性

E. 学习成绩

(6)你身边恋爱的人平常都是怎样谈恋爱的?(多选)(　　)

A. 一起学习,一起去图书馆　　　　　B. 一起运动

C. 周末一起出去玩　　　　　　　　　D. 和一般同学没有区别

E. 其他(请填写):_____

(7)你班上的同学有多少人谈恋爱了(1%～100%):_____

人文素养

(8) 你周围谈恋爱的同学是因为什么原因而谈恋爱的？（多选）（　　　）

A. 赶潮流，满足虚荣心　　　　　　　B. 好奇（学校生活无聊）

C. 叛逆，跟家长老师对着干　　　　　D. 压力太大，寻求寄托或安慰

E. 真心喜欢他（她）　　　　　　　　F. 其他（请填写）：＿＿＿＿＿＿

(9) 谈恋爱的同学失恋后会选择什么样的发泄方式？（多选）（　　　）

A. 打游戏　　　　　　　　　　　　　B. 自虐、暴饮暴食

C. 报复　　　　　　　　　　　　　　D. 刻苦学习

E. 大哭一场　　　　　　　　　　　　F. 其他（请填写）：＿＿＿＿＿＿

(10) 你的父母怎样看待中职生谈恋爱的现象？（　　　）

A. 支持　　　　　　　　　　　　　　B. 反对

C. 只要不影响学习就行

(11) 对于那些谈恋爱的同学，你觉得谈恋爱对他们有影响吗？（　　　）

A. 有　　　　　　　　　　　　　　　B. 没有

(12) 那些谈恋爱的同学通常学习成绩怎么样？（　　　）

A. 很好　　　　　　　　　　　　　　B. 一般

C. 很差　　　　　　　　　　　　　　D. 有的好，有的不好

(13) 你觉得下列哪些可能是谈恋爱对中职生造成的影响？（多选）（　　　）

A. 上课注意力不集中、易走神　　　　B. 情绪不稳定

C. 不想学习　　　　　　　　　　　　D. 学习更有动力，成绩上升

E. 给感情生活留下阴影　　　　　　　F. 觉得更快乐了

G. 可以一起分享和分担喜与忧　　　　H. 其他（请填写）：＿＿＿＿＿＿

三、学习心得

要求：写一篇本单元学习后的心得体会（学习收获、存在问题、解决办法），字数不少于200字。

_____

_____

_____

_____

四、智言慧语

(1) 智慧生出三种果实：善于思考，善于说话，善于行动。——德谟克利特

(2) 上天生下我们，是要我们当作火炬，不是照亮自己，而是普照世界。——莎士比亚

(3) 我们敬畏地球上的一切生命，不仅仅是因为人类有怜悯之心，更因为它们的命运就是人类的命运。我们敬畏生命，也是为了更爱人类自己。——张全民

(4) 尊重生命、尊重他人，也尊重自己的生命，是生命进程中的伴随物，也是心理健康的一个条件。——弗洛姆

(5) 我们最好把自己的生命看作前人生命的延续，是现在共同生命的一部分，同时也是后人生命的开端。如此延续下去，科学就会一天比一天灿烂，社会就会一天比一天更美好。——华罗庚

（6）人的生命是有限的，可是，为人民服务是无限的，我要把有限的生命，投入到无限的为人民服务之中去。——雷锋

（7）应当赶紧地，充分地生活，因为意外的疾病或悲惨的事故随时都可以突然结束他的生命。——奥斯特洛夫斯基

（8）内容充实的生命就是长久的生命。我们要以行为而不是以时间来衡量生命。——小塞涅卡

（9）"关爱生命"是一种负责的生活态度；漠视自己的生命、肆意践踏别人的生命的人是可悲的，也是可恨的，因为他或他们带来的是悲伤、痛苦，甚至仇恨。

（10）关爱生命，我们就要告别一切不良嗜好，远离那些会毒害我们生命的东西如毒品，让自己健康地活着也是关爱生命的一种表现。

（11）爱得匆忙，散得也快。热得快的爱情，冷得也快。狂热的爱情总是绝不会持久的。

（12）分手后要坚强，不要哭天抹泪，莫斯科不相信眼泪，北京也不相信，别干撕照片、烧信、毁日记这类只有傻瓜才干的事。相信爱情，相信好男人还存在，还在茫茫人海中寻觅你。别说"男人没一个好东西"这样使别人误以为你阅人无数的话。

（13）请不要爱上一个没有道德的人，有道德的人远比别墅，香车金贵，金钱能给你带来享受却不能带来幸福，人是有灵魂的，精神的充实远比身体的享受令人愉悦。

（14）一个男人用自残的手段取悦你的时候，千万不要因此感动，这类人通常都有暴力倾向，今天烟头烫在他身上，明天就可能用烈火烧烤你，敢于对自己下手的男人，通常也敢对别人下手。

（15）看一个男人什么样，不但要看他对生活的态度，也要看他的朋友，通常他的朋友什么样，他也什么样。物以类聚，人以群分一般不会错。

第十单元

团队合作　服从意识

模块一　经典文化

一、经典原文

道德经

天长地久

天长地久。天地所以能长且久者,以其不自生,故能长生。是以圣人后其身而身先,外其身而身存。非以其无私邪?故能成其私。(第7章)

不争无尤

上善若水,水善利万物而不争。处众人之所恶,故几于道。居善地,心善渊,与善仁,言善信,政善治,事善能,动善时。夫唯不争,故无尤。(第8章)

无之为用

三十辐共一毂(gǔ),当其无,有车之用。埏(shān)埴(zhí)以为器,当其无,有器之用。凿户牖(yǒu)以为室,当其无,有室之用。故有之以为利,无之以为用。(第11章)

无为之益

天下之至柔,驰骋天下之至坚。无有入无间,吾是以知无为之有益。不言之教,无为之益,天下希及之。(第43章)

各得其所

大邦者下流,天下之牝(pìn),天下之交也。牝常以静胜牡(mǔ),以静为下。故大邦以下小邦,则取小邦;小邦以下大邦,则取大邦。故或下以取,或下而取。大邦不过欲兼畜(chù)人,小邦不过欲入事人。夫两者各得所欲,大者宜为下。(第61章)

二、经典解读

天长地久

【字解】

天长地久:长、久,均指时间长久。

以其不自生:因为它不为自己生存。以,因为。

身:自身,自己。以下三个"身"字同。先:居先,占据了前位,此是高居人上的意思。

外其身:外,是方位名词作动词用,使动用法,这里是置之度外的意思。

邪(yē):同"耶",助词,表示疑问的语气。

【译文】

天地所以能长久存在,是因为它们不是为了自己的生存而自然地运行着,所以能够长久生存。因此,有道的圣人遇事谦退无争,反而能在众人之中领先;将自己置之度外,反而能保全自身生存。这不正是因为他无私吗?所以能成就他的自身。(第7章)

不争无尤

【字解】

上善若水:上,最的意思;上善即最善。这里老子以水的形象来说明"圣人"是道的体现者,因为圣人的言行有类于水,而水德是近于道的。

处众人之所恶:即居处于众人所不愿去的地方。

几于道:几,接近,即接近于道。

渊:沉静、深沉。

与善仁:与,指与别人相交相接;善仁,指有修养之人。

政善治:为政善于治理国家,从而取得治绩。

动善时:行为动作善于把握有利的时机。

尤:怨咎、过失、罪过。

【译文】

最善的人好像水一样。水善于滋润万物而不与万物相争,停留在众人都不喜欢的地方,所以最接近于"道"。最善的人,居处最善于选择地方,心胸善于保持沉静而深不可测,待人善于真诚、友爱和无私,说话善于恪守信用,为政善于精简处理,能把国家治理好,处事能够善于发挥所长,行动善于把握时机。最善的人所作所为正因为有不争的美德,所以没有过失,也就没有怨咎。(第8章)

无之为用

【字解】

辐:车轮中连接轴心和轮圈的木条,古时代的车轮由三十根辐条所构成。此数取法于每月三十日的历次。

毂:音 gǔ,是车轮中心的木制圆圈,中有圆孔,即插轴的地方。

当其无,有车之用:有了车毂中空的地方,才有车的作用。"无"指毂的中间空的地方。

埏埴:埏,和(huò),搅拌;埴,土。即和陶土做成供人饮食使用的器皿。

户牖:门窗。

有之以为利,无之以为用:"有"给人便利,"无"也发挥了作用。

【译文】

三十根辐条汇集到一根毂的孔洞当中,有了车毂中空的地方,才有车的作用。糅和陶土做成器皿,有了器具中空的地方,才有器皿的作用。开凿门窗建造房屋,有了门窗四壁内的空虚部分,才有房屋的作用。所以,"有"给人便利,"无"发挥了它的作用。(第11章)

无为之益

【字解】

驰骋:形容马奔跑的样子。

无有入无间:无形的力量能够穿透没有间隙的东西。无有:不见形象的东西。

希:一作"稀",稀少。

【译文】

天下最柔弱的东西,腾越穿行于最坚硬的东西中。无形的力量可以穿透没有间隙的东西。我因此认识到"无为"的益处。"不言"的教导,"无为"的益处,普天下少有能赶上它的了。(第43章)

各得其所

【字解】

邦:一作国。

天下之牝,天下之交也:一作"天下之交,天下之牝也"。交,会集、会总。

或下而取：下，谦下；取，借为聚。

兼畜人：把人聚在一起加以养护。

【译文】

大国要像居于江河下游那样，使天下百川河流交汇在这里，处在天下雌柔的位置。雌柔常以安静守定而胜过雄强，这是因为它居于柔下的缘故。所以，大国对小国谦下忍让，就可以取得小国的信任和依赖；小国对大国谦下忍让，就可以见容于大国。所以，或者大国对小国谦让而取得大国的信任，或者小国对大国谦让而见容于大国。大国不要过分想统治小国，小国不要过分想顺从大国，两方面各得所欲求的，大国特别应该谦下忍让。（第61章）

三、经典启迪

大公无私不代表无私，"我为人人，人人为我"其实是辩证法的关系，凡是大公无私的人，从来不考虑自己的利益，处处为别人着想。换个方式来说，就是别人在他那里得到了实惠，当大家都得到了实惠，而他仍然没有得到时，大家还会袖手旁观么？当大家都来帮助他时，他得到的还会比别人少么？中国有句古话也是老子说的"后其身而身先，外其身而身存"就是这个道理。用现代的白话表达就是帮助别人等于帮助自己，帮助别人快乐自己，还别人心愿如还己心愿。

"手把青秧插满田，低头便见水中天，心地清静方为道，退后原来是向前。"多好的一首诗，它不就是在讲做人的道理吗？为什么要说退一步海阔天空？这是有一定的道理，做人应该有进有退。有的时候表面上是吃亏了，实际上咱们是占了一个便宜。

老子用无形的水，来表达人的心境应该像水一样。它柔和得可以始终从高处往低处流，可以随着各种器物改变自己的形状，可以变成甘露滋润万物而无声。它刚强得可以滴水穿石、无坚不摧、无孔不入。它强大得可以推动巨石、掀翻巨轮。人的思维也要像水一样冲破有形的禁锢，达到无形的境界。

四、案例链接

案例1：愚人买智

从前有个又穷又笨的人，在一夜之间突然富了起来。但是有了钱，他却不知道如何来处理这些钱。他向一位和尚诉苦，这位和尚便开导他说："你一向贫穷，没有智慧，现在有了钱，不贫穷了，可是依然没有智慧。我劝你进城里去，那里有大智慧的人不少，你出百八十两银子，别人就会教你智慧之法。"那人去了城里，逢人就问哪里有智慧可买。

有位哲人告诉他："倘若你遇到疑难的事，不要急着处理，可先朝前走七步，然后再后退七步，这样进退三次，智慧便来了。""'智慧'就这么简单吗？"那人听了将信将疑。当天夜里回到家，他推门进屋，昏暗中发现妻子居然与人同眠，顿时怒起，拔出刀来便要砍下。这时，他忽然想起白天买来的智慧，心想何不试试？于是，他前进七步，后退七步，往复三次，然后，点亮了灯再看时，竟然发现那与妻子同眠者原来是自己的母亲。

案例2：佛像与台阶

有座山上建了一座庙，庙里有尊雕刻精美的佛像。数不清的善男信女沿着一级级石阶走到山顶，在佛像前顶礼膜拜，烧香许愿。一年又一年过去，这座庙一直香火鼎盛，前来拜佛的人络绎不绝。终于，铺在山路上的石阶开始抱怨了："我说佛像呀，大家同是石头，凭什么我被人蹬来踩去,你却被人供在殿堂?"佛像笑了笑,说:"当年,您只挨六刀,便成为一方石阶,而我是经历了千刀万凿之后,才有了现在的形状!"

> **小编寄语** 佛像昔日经受雕琢的痛苦,造就了今日的成就。同样,我们每个人也在用今天的坎坷,为自己的未来塑造着形象。

案例3:团队的作用

在美国的一次艺术品拍卖现场,拍卖师拿出一把小提琴当众宣布:"这把小提琴的拍卖起价是1美元。"还没等他正式起拍,一位老人就走上台来,只见他二话不说,抄起小提琴就竟自演奏起来。小提琴那优美的音色和他高超的演奏技巧令全场的人听得入了迷。演奏完,这位老人把小提琴放回琴盒中,还是一言不发地走下台。这时拍卖师马上宣布这把小提琴的起拍价改为1000美元。等正式拍卖开始后,这把小提琴的价格不断上扬,从2000美元、3000美元、8000美元、9000美元,最后这把小提琴竟以10000美元的价格拍卖出去。

> **小编寄语** 同样的一把小提琴何以会有如此的价格差异?很明显,是团队协作的力量使这把小提琴实现了它的价值潜能。一个人,一个公司,一个团队莫不是如此。如果只强调个人的力量,你表现得再完美,也很难创造很高的价值。所以说没有完美的个人,只有完美的团队。这一观点得到越来越多的人认同。

模块二　学习活动

活动一　团队协作

一、活动目标

(1)学会利用团队的力量,体会合作、互助带来的成就感觉。

(2)加深对合作、互助的理解,懂得如何更好地合作、互助,达到互利共赢的局面。

(3)形成合作互助的意识,能够共同积极乐观地面对学习生活。

二、活动导航

从前,有两个饥饿的人得到了一位长者的恩赐,一根鱼竿和一篓鲜活硕大的鱼。

一个人要了那篓鱼,另一个人要了鱼竿,于是他们分道扬镳了。得到鱼的人原地就用干柴搭起篝火煮了起来。他狼吞虎咽,连鱼带汤很快就被他吃了个精光。不久,他便饿死在空空的鱼篓旁。

另一个人则提着鱼竿继续忍饥挨饿,一步步艰难地向海边走去,可当他已经看到不远处那片充满希望的海洋时,他最后一点力气也使完了,只能眼巴巴地带着无尽的遗憾撒手人间。

又有两个饥饿的人,他们同样得到了长者恩赐的一根鱼竿和一篓鱼。只是他们并没有各奔东西,而是商定共同去寻找大海。他俩每次只煮一条鱼,经过遥远的跋涉来到了海边,从此,两人开始了捕鱼为生的日子。几年后,他们盖起了房子,有了各自的家庭和子女,有了自己建造的渔船,过上了幸福安康的生活。

看完这则小故事,什么词语是第一时间闪现在你脑海中的呢?请大家将想到的词语写下来。

_____

_____

_____

_____

三、活动体验

看一看

观看视频:《团结力量大》

议一议

(1)企鹅、小蚂蚁、螃蟹是怎样逃离危险的?

_____

_____

_____

(2) 视频《团结力量大》对你有什么启示?

_____

_____

_____

五个手指的故事

人的每只手都有五个兄弟——大哥(大拇指)、二哥(食指)、三哥(中指)、四弟、(无名指)、五弟(小指)。他们都有各自的分工,尽职尽责团结地生活在手上。可是时间一长,他们的思想都发生了微妙的变化,都认为自己的本领最大。最终矛盾激化,一场不可避免的争吵发生了。大哥说:"我天天带领着你们早出晚归,辛勤地为手服务,我的本领最大。"二哥说:"你分配不均有失职之处,出了事都是我给你顶着,我的本领最大。"三哥一把鼻涕一把泪地哭诉:"你们都把脏活累活压在我的身上,美其名我的身材修长体格健美。"四弟尖着嗓子插嘴道:"那是你自找。瞧我管理的外交处那可是顶呱呱,我的本领最大。"五弟也争吵着说他的本领最大。他们激烈地争吵,谁也不让谁。这时,人说话了:"要不你们比比谁能拿起地上的球,谁的本领就最大。"于是,他们争先恐后地去拿球,可是,不管怎么努力就是拿不起那个球。人说:"你们一起拿试试。"他们走在一起轻轻一拿,球就很轻松地拿了起来。他们终于明白,团结就是力量。

想一想,在学校生活中怎么才能做到团结协作?

_____

_____

_____

请同学们分组写出自己知道的关于合作互助的格言、谚语。

_____

_____

_____

四、活动总结

_____

_____

_____

活动二　互帮互助

一、活动目标

(1) 明白帮助别人快乐自己。

(2)生活中遇到困难,学会帮助别人,成长自己。

(3)互相帮助,让我们的集体生活更加温暖和充实。

二、活动导航

团队协作对于我们而言是那么重要,我们每个人都是很微小的,微小到像是风中的一粒尘、海中的一滴水,离开了集体,我们有再多优秀与美好的品质都很难被放大。只有在一个合作、互助的集体中,才能使每一位同学更好地成长。那么,在班级中,我们怎样做才能提升团队协作能力呢?

三、活动体验

看一看

观看视频:《与狼共舞》

议一议

(1)"塑造鹰一样的个人,打造狼一样的团队。"狼的团队精神有哪些? 它们是怎样团队协作的?

_____

_____

_____

_____

(2)个体具备哪些要素对提升团队协作能力有积极意义? 视频《与狼共舞》给了你哪些启示?

_____

_____

_____

_____

小编寄语 我们应该向狼好好学习,它们是最团结的动物,当面临强大对手的时候,狼会密切合作,会充分发扬团队精神,并肩作战奋勇抗敌。成天高呼团结一致,当面临危难和承担责任时,明哲保身、互相推诿的情况不会发生在狼群里。我们可以建立一支"狼性"团队,学习狼坚韧不拔的精神,学习它们的团队协作精神。

我们是一个整体,要共同面对困难,一起分享成功,时刻记住团队的利益与自己息息相关。在实现共同目标的过程中,我们应坦然面对失败,向狼学习,在困境中绝不放弃,从来不退缩、屈服,想尽一切办法达成目标。我们需要的正是这种精神,因此,我们要摆正自己的心态,用积极乐观的心态去改变、去争取,坚持到底,永不放弃。团结就是力量。

唱一唱

歌曲欣赏:《团结就是力量》(合唱)

讲一讲

请大家讲一个互帮互助的学习、生活小故事。

_____

_____

_____

四、活动总结

_____

_____

_____

活动三 自我服从

一、活动目标

(1)认识到在学校学会服从、配合管理是一种集体荣誉感的表现。

(2)认识到在企业里学会服从是对工作以及他人的一种尊重。

(3)认识到在社会中学会服从是遵纪守法、有为青年的社会责任感。

(4)认识到学会服从并不是对个性的磨灭,而是为了更大的荣誉。

二、活动导航

服从不是盲从,而是一种智慧的选择。在集体中,服从管理能够促使集体更加团结。我们的生活中也充满了关于服从而获得荣誉的种种事迹,例如奥运健儿赛场拼搏为国争光。但是,也有人认为服从他人就泯灭了自己的个性,委屈自己。个性与服从是否存在冲突?

三、活动体验

辨一辨

个性与服从是否存在冲突

正方观点:_____

_____

_____

反方观点:_____

_____

_____

小组讨论:什么时候应该遵守服从? 什么时候可以张扬个性?

遵守服从:＿＿＿＿＿＿＿＿＿＿＿＿＿＿＿＿＿＿＿＿＿＿＿＿＿＿＿＿＿＿

＿＿＿＿＿＿＿＿＿＿＿＿＿＿＿＿＿＿＿＿＿＿＿＿＿＿＿＿＿＿＿＿＿＿＿＿＿

＿＿＿＿＿＿＿＿＿＿＿＿＿＿＿＿＿＿＿＿＿＿＿＿＿＿＿＿＿＿＿＿＿＿＿＿＿

张扬个性:＿＿＿＿＿＿＿＿＿＿＿＿＿＿＿＿＿＿＿＿＿＿＿＿＿＿＿＿＿＿

＿＿＿＿＿＿＿＿＿＿＿＿＿＿＿＿＿＿＿＿＿＿＿＿＿＿＿＿＿＿＿＿＿＿＿＿＿

＿＿＿＿＿＿＿＿＿＿＿＿＿＿＿＿＿＿＿＿＿＿＿＿＿＿＿＿＿＿＿＿＿＿＿＿＿

四、活动总结

＿＿＿＿＿＿＿＿＿＿＿＿＿＿＿＿＿＿＿＿＿＿＿＿＿＿＿＿＿＿＿＿＿＿＿＿＿

＿＿＿＿＿＿＿＿＿＿＿＿＿＿＿＿＿＿＿＿＿＿＿＿＿＿＿＿＿＿＿＿＿＿＿＿＿

＿＿＿＿＿＿＿＿＿＿＿＿＿＿＿＿＿＿＿＿＿＿＿＿＿＿＿＿＿＿＿＿＿＿＿＿＿

＿＿＿＿＿＿＿＿＿＿＿＿＿＿＿＿＿＿＿＿＿＿＿＿＿＿＿＿＿＿＿＿＿＿＿＿＿

活动四　顾全大局

一、活动目标

(1)严于律己,宽以待人,做一个心胸宽广的人。

(2)培养换位思考、多角度思考问题的能力,培养顾全大局的优秀品格。

二、活动导航

团队目标是一个团队所有成员个体目标的综合,但其意义又远远大于个人目标的总和。可以说,个人目标的实现必须以团队目标的实现为前提。换句话说,只有团队成功,才谈得上个人成功;相反,团队的失败会使所有个人的努力付诸东流。因此,每个员工必须意识到这种个人与团队的关系,必须具有大局观,有为团队尽心尽力的意愿,甚至有为团队目标的实现而暂时牺牲个人利益的精神境界。

三、活动体验

有一家公司规定:公司中每一个人都要寻找到自己的服务对象并真诚地为其服务;如果找不到服务对象,那么这名员工就应该离开公司。

你是如何理解这家公司的这个规定的?

＿＿＿＿＿＿＿＿＿＿＿＿＿＿＿＿＿＿＿＿＿＿＿＿＿＿＿＿＿＿＿＿＿＿＿＿＿

＿＿＿＿＿＿＿＿＿＿＿＿＿＿＿＿＿＿＿＿＿＿＿＿＿＿＿＿＿＿＿＿＿＿＿＿＿

＿＿＿＿＿＿＿＿＿＿＿＿＿＿＿＿＿＿＿＿＿＿＿＿＿＿＿＿＿＿＿＿＿＿＿＿＿

情景剧:上课中

在课堂上,老师在讲台上认真授课,有些同学们在下面打瞌睡,吃零食。老师管教同学,同学不服管教。这时,学校领导巡堂经过……

这些不服从管理的同学给大家带来了哪些负面影响?在我们身边还有哪些不服从管理的事例影响了班级的荣誉?

_____

_____

_____

_____

小编寄语　　服从,是军人的天职。作为现在的中职生、将来的职业人,我们也应当严格要求自己。因为服从不仅是一个学生应该懂得的纪律,更是一个年轻人应该学会的尊重。成长的路上,我们少不了引路人的指引,我们离不开集体的熏陶,我们因为谦虚而服从,我们因为责任而服从。服从并不是让我们盲目、放弃思想,而是让我们变得有道德、有纪律、懂宽容,更加有组织性、执行力,是为了更大的荣誉而修炼。

四、活动总结

_____

_____

_____

_____

模块三　学习拓展

一、自我实现

(1)进行一次以"团结就是力量"为主题的班会。

(2)当遇到生活中有不团结的事情,你会做到团结吗?

二、力行评价

《团队合作　服从意识》单元学习力行评价表

序号	主题	分值	力行内容	力行评价		
				好	一般	差
1	遵守纪律 服从管理	30	自觉遵守学校各项规章制度和国家法律、法规,坚持原则,勇于自我批评,敢于和不良行为作斗争,自觉服从老师和工作人员管理,自觉佩戴胸牌			
2	热爱集体 爱护公物	20	积极参加班级、学校组织的各项活动,珍惜集体荣誉,处处以集体为重,有较强的集体观念。爱护公共财物和公共设施,爱护学校的一花、一草、一木,敢于和破坏公物的行为做斗争			
3	遵守纪律 诚实守信	20	自觉遵守学校各项规章制度和国家法律、法规,坚持原则,勇于自我批评,敢于和不良行为做斗争			
4	遵守公德 文明礼貌	15	自觉遵守公共道德,自己用《中职生守则》规范自己的行为。会使用文明礼貌用语,自觉养成良好的生活习惯、语言习惯和行为习惯,做文明学生、文明公民			
5	尊敬师长 团结同学	15	尊敬老师,尊敬长辈,尊敬老人。尊敬同学,团结友爱,互相关心,互相帮助,发生矛盾,主动作自我批评			
合　计		100	力行评价得分			
总　评			总计得分			
			等　级			

注:按分值标准,在"力行评价"的相应栏打单项分,最后计算出总计得分,评出等级:优 80～100 分;良 70～79 分;合格 60～69 分;不合格 60 分以下。

三、学习心得

要求:写一篇本单元学习后的心得体会(学习收获、存在问题、解决办法),字数不少于200 字。

_____

_____

_____

_____

四、智言慧语

(1)二人同心,其利断金。——《易经》

(2)天时不如地利,地利不如人和。——孟　轲

(3)一个篱笆三个桩,一个好汉三个帮。

(4)五人团结一只虎,十人团结一条龙,百人团结像泰山。——邓中夏

(5)国家的统一,人民的团结,国内各民族的团结,这就是我们的事业必定要胜利的基本保证。在当前,加强党的团结,加强党与人民群众的团结,具有特殊意义。

(6)能用众力,则无敌于天下矣;能用众智,则无畏于圣人矣。——孙　权

(7)不怕不翻身,只怕不齐心。

(8)离群孤雁飞不远,一个人活力气短。风大就凉,人多就强。

(9)单丝不成线,独木不成林。

(10)事成于和睦,力生于团结。

(11)唯宽可以容人,唯厚可以载物。——薛　暄

(12)人心齐,泰山移。

(13)一滴水只有放进大海里才永远不会干涸,一个人只有当他把自我和群众事业融合在一起的时候才能最有力量。——雷锋

(14)团结就是力量,团结就是生产力,团结出效益,团结出质量。

(15)个人如果单靠自我,如果置身于群众的关联之外,置身任何团结民众的伟大思想的范围之外,就会变成怠惰的保守的与生活发展相敌对的人。

第十一单元
学会生活　经营人生

模块一　经典文化

一、经典原文

道德经

宜戒轻躁

重为轻根，静为躁君。是以君子终日行不离辎重。虽有荣观，燕处超然，奈何万乘（shèng）之主，而以身轻天下？轻则失根，躁则失君。（第26章）

大器晚成

上士闻道，勤而行之；中士闻道，若存若亡；下士闻道，大笑之。不笑不足以为道。故建言有之：明道若昧；进道若退；夷道若纇（lèi）；上德若谷；广德若不足；建德若偷；质真若渝；大白若辱；大方无隅；大器晚成；大音希声；大象无形；道隐无名。夫唯道，善贷且成。（第41章）

知足不辱

名与身孰亲？身与货孰多？得与亡孰病？甚爱必大费；多藏必厚亡。故知足不辱，知止不殆，可以长久。（第44章）

万物之奥

道者万物之奥。善人之宝，不善人之所保。美言可以市尊，美行可以加人。人之不善，何弃之有？故立天子，置三公，虽有拱璧以先驷马，不如坐进此道。古之所以贵此道者何？不曰：求以得，有罪以免邪？故为天下贵。（第62章）

为而不争

信言不美，美言不信。善者不辩，辩者不善。知者不博，博者不知。圣人不积，既以为人，己愈有，既以与人，己愈多。天之道，利而不害；圣人之道，为而不争。（第81章）

二、经典解读

宜戒轻躁

【字解】

躁：动。君：主宰。

君子：一作"圣人"，指理想之主。

辎重：军中载运器械、粮食的车辆。

荣观：贵族游玩的地方，指华丽的生活。

燕处：安居之地；安然处之。

万乘之主：乘，指车子的数量。"万乘"指拥有兵车万辆的大国。

以身轻天下：治天下而轻视自己的生命。

轻则失根：轻浮纵欲，则失治身之根。

【译文】

厚重是轻率的根本，静定是躁动的主宰。因此君子终日行走，不离开载装行李的车辆，虽然有美食胜景吸引着他,却能安然处之。为什么大国的君主,还要轻率躁动以治天下呢? 轻率就会失去根本,急躁就会丧失主导。(第26章)

大器晚成

【字解】

建言:立言。

夷道若颣:夷,平坦;颣,崎岖不平、坎坷曲折。

大白若辱:辱,黑垢。一说此名应在"大方无隅"一句之前。

建德若偷:刚健的德好像怠惰的样子。偷,意为惰。

质真若渝:渝,变污。质朴而纯真好像浑浊。

大方无隅:隅,角落、墙角。最方整的东西却没有角。

善贷且成:贷,施与、给予。引伸为帮助、辅助之意。此句意为道使万物善始善终,而万物自始至终也离不开道。

【译文】

上士听了道的理论,努力去实行;中士听了道的理论,将信将疑;下士听了道的理论,哈哈大笑。不被嘲笑,那就不足以成其为道了。因此古时立言的人说过这样的话:光明的道好似暗昧;前进的道好似后退;平坦的道好似崎岖;崇高的德好似峡谷;广大的德好像不足;刚健的德好似怠惰;质朴而纯真好像混沌未开。最洁白的东西,反而含有污垢;最方正的东西,反而没有棱角;最大的声响,反而听来无声无息;最大的形象,反而没有形状。道幽隐而没有名称,无名无声。只有"道",才能使万物善始善终。(第41章)

知足不辱

【字解】

多:轻重的意思。货,财富。

得:指名利;亡,指丧失性命;病,有害。

甚爱必大费:过于爱名就必定要付出很大的耗费。

多藏必厚亡:丰厚的藏货就必定会招致惨重的损失。

知足不辱:今本没有"故"字,据帛书补之。

【译文】

声名和生命相比哪一样更为亲切?生命和货利比起来哪一样更为贵重?获取和丢失相比,哪一个更有害?过分地爱名利就必定要付出更多的代价;过于积敛财富,必定会遭致更为惨重的损失。所以说,懂得满足,就不会受到屈辱;懂得适可而止,就不会遇见危险;这样才可以保持住长久的平安。(第44章)

万物之奥

【字解】

奥:一说为深的意思,不被人看见的地方;另一说是藏,含有庇荫之意。其实两说比较接近,不必仅执其一。

不善人之所保:不善之人也要保持它。

美言可以市尊:美好的言辞,可以换来别人对你的敬仰。

美行可以加人:良好的行为,可以见重于人。

三公:太师、太傅、太保。

拱壁以先驷马:拱壁,指双手捧着贵重的玉;驷马,四匹马驾的车。古代的献礼,轻物在先,重物在后。

坐进此道:献上清静无为的道。

求以得:有求就得到。

有罪以免邪:有罪的人得到"道",可以免去罪过。

【译文】

"道"是荫庇万物之所,善良之人珍贵它,不善的人也要保持它。需要的时候还要求它庇护。美好的言辞可以换来别人对你的尊重;良好的行为可以令人效仿。不善的人怎能舍弃它呢? 所以在天子即位、设置三公的时候,虽然有拱壁在先,驷马在后的献礼仪式,还不如把这个"道",献给他们。自古以来,人们所以把"道"看得这样宝贵,不正是由于求它庇护,一定可以得到满足;犯了罪过,也可得到它的宽恕吗? 就因为这个,天下人才如此珍视"道"。(第62章)

为而不争

【字解】

信言:真实可信的话。

善者:言语行为善良的人。

辩:巧辩、能说会道。

博:渊博。

圣人不积:有道的人不自私,没有占有的欲望。

既以为人,已愈有:已经把自己的一切用来帮助别人,自己反而更充实。

多:与"少"相对,此处意为"丰富"。

利而不害:使在万物得到好处而不伤害万物。

圣人之道:圣人的行为准则。

【译文】

真实可信的话不漂亮,漂亮的话不真实。善良的人不巧说,巧说的人不善良。真正有知识的人不卖弄,卖弄自己懂得多的人不是真有知识。圣人是不存占有之心的,而是尽力照顾别人,他自己也更为充实;他尽力给予别人,自己反而更丰富。自然的规律是让万事万物都得到好处,而不伤害它们。圣人的行为准则是,做什么事都不跟别人争夺。(第81章)

三、经典启迪

对待生活,要有节制,不能踮起脚,要脚踏实地,要有道德,体道、悟道、守道、得道。光阴似箭,日月如梭,人的一生很短暂。在这短暂的人生里,要活得精彩,就要学会管理好自己,珍惜时间,养成良好的习惯,学会管理好自己的情绪;拒绝不良嗜好,拒绝网瘾。学会科学消费,学会理财。不要在虚幻不实的境界中贪婪、迷恋着,以致自我束缚。不要执迷不悟,不要找麻烦来自缠。不要为虚幻不实的境物所迷,终生如梦如醉如痴,更不要日夜怨天尤人。所以,要学会生活,经营人生,快乐健康生活。

四、案例链接

案例1:《尚书·洪范》之五福临门

长寿:命不夭折,福寿绵长。

富贵:财物富足,人格尊贵。

康宁:身体健康,心灵安宁。

好德:生性仁善,宽厚宁静。

善终:没有横祸,没有病痛,没有挂碍,预知时至,安详而逝。

(1)幸福生活的前提——长寿。即"命不夭折,福寿绵长"。我们常说有福是你得有时间享受。

(2)幸福生活的条件——富贵。富——物质上,财物富足;贵——精神上,人格尊贵、人格魅力,物质和精神两方面都能得到满足。

(3)幸福生活的保障——康宁:身体健康,心灵安宁。身心健康是幸福生活的保障。经营人生——健康放在首位。

(4)幸福生活的途径——好德:生性仁善,宽厚宁静。

(5)经营人生的结果——善终:没有横祸,没有病痛,没有挂碍,预知时至,安详而逝。

案例2:公鸡的功劳

农场养了一只雄伟的公鸡,每天它都会准时报晓,为了感谢公鸡的辛劳,主人每天清晨总要撒一把黄豆犒赏公鸡。

有一天,主人又撒下一大把黄豆,公鸡居然撇着嘴不吃了。主人觉得很奇怪,问它为什么不吃,公鸡抬着头高傲地说:"你不能老是让我吃这些便宜货。天是我叫亮的,没有我,你耕种就会迟到,就会延误最好的时机,就会没有收获。如果你没有收获,你就只有饿死。换句话说,我是你的救命恩人,你应该把最好的东西给我吃。"

主人没有争辩,当天夜里他就用一段麻线将公鸡那尖尖的嘴巴牢牢地扎住了。

第二天清晨,主人照例起床,拿起农具要下田,路过鸡舍门口时,他对公鸡说:"真奇怪,今天你没有报晓,天怎么还是亮了呢?"公鸡羞得面红耳赤,不敢作声。

俗话说,做人应谦虚一些,为人应低调一些,地球离开了谁,都会照旧转。

案例3:别把鸡蛋放在一个篮子里

一位40多岁的千万富翁在原配去世后,娶了一个年轻的太太,每月给10万元的零花钱,这个女孩认识了一位保险公司的客户经理,就买了100多万元的人寿保险。

在富翁一场投资失利后,全部资产用来抵债,回家后,垂头丧气地告诉媳妇:"我破产了,无力养你了,连你的车都被抵债了,你另找人嫁了吧!"媳妇说:"你还爱我吗?"他说:"我已经没有资格爱你了。"她说:"我在保险公司买了100多万元的保险,听说不可冻结,不可抵债,急用时可以贷款,我们可以用这笔钱东山再起,明天我们就去办。"随后,他就用保单贷款了100万元,在短短几年后变成了5000万元。这位成功人士讲起这段经历时就会说:"我有一个傻媳妇。我本来有两筐鸡蛋,我的傻媳妇每天偷偷拿出两个放到别的地方,突然有一天,我的两筐鸡蛋都打碎了,她就拿出了每天偷偷攒下的鸡蛋帮我又赚回了原来的两筐鸡蛋。"

小编寄语　同学们,学习是为了将来更好地工作,工作是为了幸福的生活。幸福生活得学习、经营。学会生活、经营人生是每个人的必修课,是幸福生活的源泉。

人文素养

模块二　学习活动

活动一　学会管理

一、活动目标

（1）通过观看视频资料和讨论正反面案例等活动，让学生明白管理好自己，就能让自己成功和拥有美好的人生。

（2）学会管理你的时间，提高学习和工作效率。

（3）学会管理你的习惯，创造整洁宜人的环境。

（4）学会管理你的情绪，赢得成功的人生。

二、活动导航

从前，有一个脾气很坏的男孩，他的爸爸给了他一袋钉子，告诉他，每次发脾气或者跟人吵架的时候，就在院子的篱笆上钉一根。

第一天，男孩钉了 37 根钉子。后面的几天他学会了控制自己的脾气，每天钉的钉子也逐渐减少了。他发现，控制自己的脾气，实际上比钉钉子要容易得多。终于有一天，他一根钉子都没有钉，他高兴地把这件事告诉了爸爸。

爸爸说："从今以后，如果你一天都没有发脾气，就可以在这天拔掉一根钉子。"日子一天一天过去，最后，钉子全被拔光了。

爸爸带他来到篱笆边上，对他说："儿子，你做得很好，可是你再看看篱笆上的钉子洞，这些洞永远也不可能恢复了。就像你和一个人吵架，说了些难听的话，你就在他心里留下了一个伤口，像这个钉子洞一样，插一把刀子在一个人的身体里，再拔出来，伤口就难以愈合了。无论你怎么道歉，伤口总是在那儿。要知道，身体上的伤口和心灵上的伤口一样都难以恢复。"

这个故事给我们什么启发？

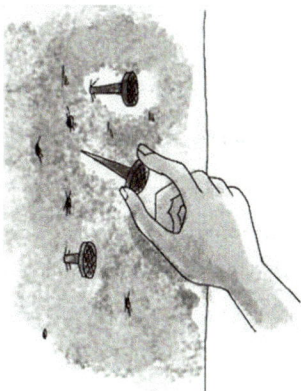

_____

_____

_____

三、活动体验

读一读

（1）向同学们推荐读一本励志与成功的畅销书《管好自己就能飞》。作者以中学生自述方式讲述自我负责、自我管理的探索读本。作者以自身经历，再现了从痛恨被管教到爱上自我管理的生动过程,与读者分享自我激励、自我管理所带来的成功、快乐。《管好自己就能飞》被誉为"能帮助青少年强化自觉精神和自立能力的成长读本"。这是一本让父母放心、让老师省心、让同龄读者更加开心的自我成长读本。作者以自身的变化故事,将那个长久困惑家长、老师和同龄人的疑问一扫而光:靠家长的逼、老师的严和自身的懒所做不到的事情,自我管理都可以做到。自我负责是好的进步,自我管理是好的成长。作者总结出了态度、安全、心情、欲望、语言、行为、人际关系自我管理的 7 个方面,使读者获得可操作、可实施的借鉴和启迪。

"凡是能自我管理的学生,必然是能让父母和老师放心的学生,更是有发展的学生……"一本"让父母放心、让老师省心、让学生称心"的书。

(2)观看视频:《新监狱风云》。

人文素养

说一说

(1)从这两则事件中,我们受到了什么启发?

_____

_____

_____

(2)明星违法犯罪事件说明了什么?

_____

_____

_____

(3)我们应该从哪些方面进行自我管理?

_____

_____

_____

_____

小编寄语　自我管理就是指个体对自己的目标、思想、心理和行为等等表现进行的管理,主要是管理好自己的时间、习惯、情绪等。自我管理的前提是树立正确的是非观、价值观。

测一测

我的自我管理能力

请对下列题目如实选择"是"或"否"。

(1)复习功课时,容易受娱乐活动的诱惑而中断。(是/否)

(2)做事情容易受情绪或环境的干扰。(是/否)

(3)学习中遇到困难时,常常叫苦连天。(是/否)

（4）明明知道是自己不对，可就是管不住自己。（是/否）

（5）受到委屈、冤枉时，常常暴跳如雷。（是/否）

（6）遭受失败、挫折时，容易悲观失望。（是/否）

（7）在成绩、成功面前，容易沾沾自喜、骄傲自满。（是/否）

（8）自己制订的学习计划，常常落空，不能实现。（是/否）

（9）上课、集会经常迟到。（是/否）

（10）不喜欢整理物品、东西经常找不到。（是/否）

以上如果有 5 个以上选择"是"，你得加强自我管理了。

试一试

1. 管理好自己的时间

目前流行的时间管理方法是"四象限"管理法，如下图所示。

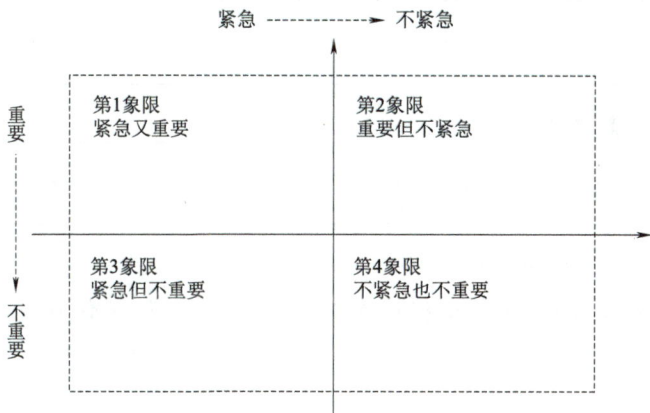

第 1 象限：抓紧做，返回第 2 象限。

第 2 象限：重点做，按计划有步骤做，为明天准备。

第 3 象限：不花时间，少花时间，授权部下做。

第 4 象限：平衡好被支配的事情，不被迷惑，争取自由返回 1、2 象限。

时间价值＝工作价值

2. 节省时间的窍门

（1）每天要早起。

（2）上班第一件事，是阅读工作计划表，再次确认轻重缓急。

（3）确认必须亲手做的事，写成提示条，贴在一个固定又显眼的位置。

（4）每项工作一旦开始，就要尽量不去理会其他干扰，将事情一次性做完。

（5）每天要留出时间进行总结。

（6）焦虑既消耗精力又无成效，一旦出现这种情绪，建议采用如下步骤：①将问题写在纸上；②将最坏的可能写在纸上，并作好接受这种结果的准备；③提出改善境况的具体做法，开始做。

（7）每天尽量抽点时间去快乐地享受生活，这才能让自己长久地高效工作，但绝不可沉湎于玩乐之中。

（8）中午最少要留 15 分钟小睡。

（9）不要将太多的时间浪费在电视、报纸杂志、玩手机、玩游戏上。

（10）节制应酬的时间。

写一写

（1）观看"好习惯带来成功"的视频，并写出观后感。

_____

_____

_____

（2）写出我的五条好习惯：_____

_____

_____

_____

（3）写出我的五条坏习惯：_____

_____

_____

（4）小组同学相互交换，希望小组同学监督改正坏习惯，保住好习惯，坚持"21 天法则"。

_____

_____

_____

_____

练一练

（1）年轻人自我管理最大的障碍就是血气方刚，喜欢冲动，难以克制自己的情绪，有时后果不堪设想。

（2）当我们遇到不良情绪：焦虑、压抑、冲动和自卑等时，可以利用以下方法排解。

1）保持微笑。裂开您的嘴角，向后拉，来 一个微笑……。

2）抬头，深呼吸。当您垂头丧气，认为是一个失败者时，现在来一个深呼吸。抬起头来昂首挺胸，用行动证明我是成功者。

3）语速加快 20%。当我们自卑和做错事时，找到自己的优点，大声快速地说："我喜欢我自己。"播放视频资料《布奇乐乐园——我喜欢自己》。

4）听听音乐。当我们焦虑时，听一些舒缓的音乐。

学会 5S 管理——整理　整顿　清扫　清洁　素养

整理:就是明确区分需要的和不需要的物品,在现场保留需要的,清除不必要的物品。每天一次。

整顿:就是对所需的物品有条理地定置摆放,这些物品始终处于任何人都能方便取放的位置。

清扫:就是现场始终处于无垃圾和灰尘的整洁状态。

清洁:就是经常进行整理、整顿和清扫,始终使现场保持整洁的状态,其中包括个人清洁和环境清洁。

素养:就是自觉养成良好的习惯。

小编寄语　　人生最大的敌人就是自己,古往今来,凡大成者,成大器者,都是有自我管理能力的人。青少年往往缺乏时间观念,习惯不太好,情绪不能控制等。他们中因情绪化而产生的过激言行甚至违法犯罪,在现实生活中屡见不鲜。

四、活动总结

_____

_____

_____

_____

第十一单元　学会生活　经营人生

活动二　健康成长

一、活动目标

(1)了解什么是网瘾。

(2)了解网瘾对人的危害。

(3)合理利用网络,让它更好地服务于学习和生活。

等等，死之前，先让我发个朋友圈。

儿子，妈一定让你戒掉网瘾！

你来过这家饭店吗？

没啊

某种程度上，手机把你变成了盲人

人文素养

人类进化之路?

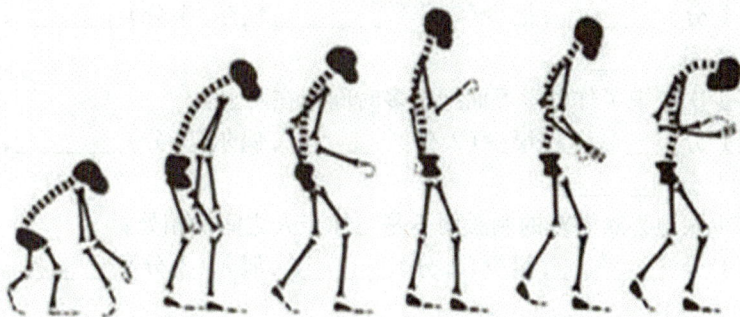

这些漫画反映了什么问题? 你是其中的一族吗? 给你有什么启示?

_____

_____

_____

_____

_____

三、活动体验

看一看

观看视频:《网瘾少年引发的家庭悲剧》

说一说

(1)青少年染上网瘾有哪些危害?

_____

_____

_____

(2)我们身边是否有因为沉迷网络而迷失自己的例子呢?

_____

_____

_____

_____

测一测

我"上瘾"了吗?

来测测你是否也有网瘾。

(1)你多少次发现你在网上逗留的时间比你原来打算的时间要长?

完全没有(1 分)_____,很少(2 分)_____,偶尔(3 分)_____,经常(4 分)_____,总是(5 分)_____。

(2)你有多少次忽视了你的学习而把更多时间花在网上?

完全没有(1 分)_____,很少(2 分)_____,偶尔(3 分)_____,经常(4 分)_____,总是(5 分)_____。

(3)你有多少次更喜欢游戏的刺激而不是与你亲人之间的相处?

完全没有(1 分)_____,很少(2 分)_____,偶尔(3 分)_____,经常(4 分)_____,总是(5 分)_____。

(4)有多少次与网友形成新的朋友关系?

完全没有(1 分)_____,很少(2 分)_____,偶尔(3 分)_____,经常(4 分)_____,总是(5 分)_____。

(5)你生活中的其他人有多少次向你抱怨你在网上所花的时间太长?

完全没有(1 分)_____,很少(2 分)_____,偶尔(3 分)_____,经常(4 分)_____,总是(5 分)_____。

(6)你的学习成绩和学校作业有多少次因为你在网上多花了时间而受到影响?

完全没有(1 分)_____,很少(2 分)_____,偶尔(3 分)_____,经常(4 分)_____,总是(5 分)_____。

(7)在你需要做其他事情之前,你有多少次去检查你的电子邮件?

完全没有(1 分)_____,很少(2 分)_____,偶尔(3 分)_____,经常(4 分)_____,总是(5 分)_____。

(8)由于网络的存在,你的工作表现或生产效率有多少次受到影响?

完全没有(1 分)_____,很少(2 分)_____,偶尔(3 分)_____,经常(4 分)_____,总是(5 分)_____。

(9)当有人问你在网上干些什么时,你有多少次为自己辩护或者变得遮遮掩掩?

完全没有(1 分)_____,很少(2 分)_____,偶尔(3 分)_____,经常(4 分)_____,总是(5 分)_____。

(10)有多少次用网上的安慰想象来排遣关于你生活的那些烦人的事情?

完全没有(1 分)_____,很少(2 分)_____,偶尔(3 分)_____,经常(4 分)_____,总是(5 分)_____。

(11)你有多少次发现你自己期待着再一次上网的时间?

完全没有(1 分)_____,很少(2 分)_____,偶尔(3 分)_____,经常(4 分)_____,总是(5 分)_____。

(12)有多少次担心没有了网络,生活将会变得烦闷、空虚和无趣?

完全没有(1 分)_____,很少(2 分)_____,偶尔(3 分)_____,经常(4 分)_____,总是(5 分)_____。

(13)如果有人在你上网时打扰你,你有多少次厉声说话,叫喊或者表示愤怒?

完全没有(1 分)_____,很少(2 分)_____,偶尔(3 分)_____,经常(4 分)_____,总是(5 分)_____。

（14）你有多少次因为深夜上网而睡眠不足？

完全没有（1 分）_____，很少（2 分）_____，偶尔（3 分）_____，经常（4 分）_____，总是（5 分）_____。

（15）你有多少次在下网时因网上的事情而出神或者幻想自己在网上？

完全没有（1 分）_____，很少（2 分）_____，偶尔（3 分）_____，经常（4 分）_____，总是（5 分）_____。

（16）当你在上网时，你有多少次发现你自己在说"就再玩几分钟"？

完全没有（1 分）_____，很少（2 分）_____，偶尔（3 分）_____，经常（4 分）_____，总是（5 分）_____。

（17）你有多少次试图减少你花在网上的时间但却失败了？

完全没有（1 分）_____，很少（2 分）_____，偶尔（3 分）_____，经常（4 分）_____，总是（5 分）_____。

（18）你有多少次试图隐瞒你在网上所花的时间？

完全没有（1 分）_____，很少（2 分）_____，偶尔（3 分）_____，经常（4 分）_____，总是（5 分）_____。

（19）你有多少次选择把更多的时间花在网上而不是和其他人一起外出？

完全没有（1 分）_____，很少（2 分）_____，偶尔（3 分）_____，经常（4 分）_____，总是（5 分）_____。

（20）当下网时，你感到沮丧、忧郁或者神经质，而这些情绪一旦回到网上就会无影无踪？

完全没有（1 分）_____，很少（2 分）_____，偶尔（3 分）_____，经常（4 分）_____，总是（5 分）_____。

将每个题目答案所对应的分值相加，得出结果：

20～39 分　你是一个普通的网络使用者。你有时候可能会在网上花较长的时间"冲浪"，但你能控制你对网络的使用。

40～69 分　由于网络的存在，你正越来越频繁地遇到各种各样的问题。你应当认真考虑它对你生活的全部影响。

70～100 分　网络正在给你的生活造成许多严重的问题。你需要现在就去解决它。

辨一辨

青少年上网，利大于弊还是弊大于利？

计算机网络和国际互联网的出现，使信息网络化席卷全球。根据中国互联网信息研究中心最新发布的中国互联网调查报告显示，2017 年中国互联网上网人数已经达到了惊人的 7.51 亿人，其中 10—19 岁青少年有 1.47 亿人，占 19.4%。如此惊人的数字，实在让人震惊，网络已成为青少年学习、交流、娱乐的重要平台。但网络是一把双刃剑，也存在着让人痴迷的危险。青少年用户上网目的分为实用目的、娱乐目的、网络技术使用和信息寻求。网民使用率超过 50% 的有网络游戏（56.1%）和即时通信（91.1%），网络购物（68.5%）。你认为青少年上网时利大于弊还是弊大于利？

主要观点：_____

_____

_____

_____

谈一谈

案例1：事主王小姐在网上与好友聊天，突然发现男朋友张某的QQ发来一条信息："我这边有急事，需要6000元钱，银行卡号是××××××。"王小姐的男朋友张某正好在外地，心慌意乱的她立刻汇了6000元到指定账户。汇款后她回家上网，张某的QQ又发信息让她汇款，一次比一次多，王小姐先后共将4万元汇入指定账户。直到后来打电话给张某询问情况才得知，他根本没有上网，更没有让她汇钱，才发现被骗了。

案例2：尚某某在网上销售手机充值卡，收到客户发来的4000元支付宝已付款截屏，误以为货款已支付，便在客户提供的8个手机号上充值4000元。

案例3：余小姐毕业于某外语学院，工作之余一直想做兼职。一次网上看到一则招聘广告招翻译，她发信应聘，对方先发来一篇文章让她翻译，随后就"正式录用"了。双方通过网络传递文件，约定每月底按工作量付酬。于是余小姐为对方翻译了不少文件及技术资料，但到了该结算酬劳时，对方却迟迟不将酬劳汇入她提供的账号。余小姐发信去询问也再没答复，这才知道是白干了。

在使用网络时，青少年应该如何保护自身的健康和财产安全？

_____

_____

_____

_____

读一读

青少年网络文明公约

要善于网上学习	不浏览不良信息
要诚实友好交流	不侮辱欺诈他人
要增强自护意识	不随意约会网友
要维护网络安全	不破坏网络秩序
要有益身心健康	不沉溺虚拟时空

小编寄语 网络是一把"双刃剑"，我们要做高明的剑客，我们要用高科技之剑舞出非凡的智慧，高雅的追求和健康的青春。利用网络学习、工作。让我们在纷繁芜杂的网络世界中用最敏锐的眼光辨清优劣，用智慧的头脑严控自我，学会管理自己，学会控制自己，健康成长。

人文素养

四、活动总结

_____

_____

_____

_____

活动三　科学消费

一、活动目标

(1)透视消费现象。

(2)了解消费心理。

(3)学会科学消费、健康生活。

二、活动导航

课堂小调查:写出你这个月的开销情况

(1)正常的一日三餐费用支出:_____

_____

_____

(2)购买零食支出:_____

_____

_____

(3)学习用具支出:_____

_____

_____

(4)玩乐支出(包括话费):_____

_____

_____

请分析:你认为同学们的消费是否合理? 哪些消费是可以省去的,为什么?

_____

_____

_____

三、活动体验

看一看

观看视频:《学生奢侈消费引发争议》

开学的时候,开学经济,学生奢侈浪费,攀比消费,一月 500 是贫困,千八百刚够用,3000 是扮酷,5000 是大富。

说一说

(1)同学们消费时受什么影响?

_____

_____

_____

(2)在消费的时候,为什么受到影响?

_____

_____

_____

_____

评一评

消费面面观

1. 从众心理

特点:仿效性、盲目性

评价:从众心理,也就是在消费中坚持"多数人有,我也要有"的心理。有这种消费心理的人,消费时往往会不由自主地仿效他人,其消费行为受别人评价的影响,受别人行为的带动,是一种比较普遍的消费心理。不健康、不合理的从众心理误导经济的良性发展,对个人生活不利。

态度:具体问题具体分析,不可盲目从众消费。

2. 攀比心理

特点:夸耀性、盲目性

评价:攀比的消费心理,这种消费心理是出于"向上看齐,人无我有,人有我优"的炫耀心理。这种消费的人在消费中坚持"少数人有,我也要有"的想法。人们拥有这种商品的目的不在于它本身的实用价值和它带来的乐趣。而是为了显示自己的富有,以获得一种优越感。购买时往往不考虑自身的经济条件,会给家庭生活带来压力。这种消费心理是不健康的。

态度:不健康心理,不值得提倡。

3. 求异心理

特点:标新立异、与众不同。

评价:有利,展示个性,推动新工艺和新产品的出现和发展。有弊,代价大,社会不一定认可。

态度:适当求异可行,过分标新立异不值得提倡。

教师:一些人购物时会"货比三家""追求实惠""只买对的,不选贵的"——这些体现了什么消费心理?谈谈你对这种消费心理的认识。

学生:思考并回答。

教师:点评小结。

4. 求实心理

特点:符合实际,讲究实惠。

评价:有利的,理智的消费,对个人和社会都有好处。

为了让同学们更好地理解并识记四种消费观,老师送给大家一首打油诗:

盲目从众不可取,虚荣攀比活受罪,过分标新吓死人,理智求实乐融融。

案例分析:

情境展示:小华他们家刚买了新房子,让我们来看看三口之家的对话。

情景一:

妈妈:老公,同事们都说,现在装修流行"欧洲"样式,很有异国风味。

爸爸:那就听你的吧,反正一切跟着"流行"走。

小华:妈,不对吧,我同学上网看过了,说明年将流行"澳洲"样式。

爸爸:那我们家要怎么装修好啊?

情景二:

小华:老爸,我同学家在买了新居之后就马上配了家庭影院和高档音响。

爸爸:儿子,你放心,我们明天就去买进口的,决不会比他们家差。

小组合作探究:

(1)小华和父母在房子装修上是一种什么消费心理? 你怎么看待这种消费心理?

_____

_____

_____

(2)小华的爸爸想要购买家庭影院和音响又是出于什么样的消费心理? 这会给他们家带来什么影响?

_____

_____

_____

做一做

(1)如果这个月父母给你 2000 元零花钱,你准备怎么花?

_____

_____

_____

(2) 如果你每月挣 5000 元, 你又将准备怎么花?

_____

_____

_____

(3) 假设双十一到了, 你会有什么样的消费计划?

_____

_____

_____

议一议

做理智的消费者, 科学消费

1. 量入为出, 理智消费

(1) 据统计, 我国约 85% 的购房者采用贷款消费的方式购房。贷款消费是不是超前消费, 它符合量入为出、适度消费的原则吗?

_____

_____

_____

_____

(2) 对国内某些富豪的奢侈消费, 人们议论纷纷。有的大肆批判, 也有人认为自己的钱怎么花都可以, 还可以促进消费, 拉动国家经济发展。你认为呢?

_____

_____

_____

_____

(3) 中国家庭消费有三大怪: 重物质轻精神、重面子轻实惠、爱跟风随大流。对此你有何看法?

_____

_____

_____

_____

【教师评价】量入为出是消费支出应该与自己的收入相适应, 其中, 自己的收入既包括当前的收入水平, 也包括对未来收入的预期。

适度消费是在自己的经济承受能力之内, 应该提倡积极、合理的消费而不能抑制消费。否则, 一方面会影响个人的生活质量, 另一方面也会影响社会生产的发展, 特别是当前我国很多商品领域已经形成买方市场, 更加应该发挥消费对生产的带动作用。

2. 拒绝盲从, 理性消费

在消费过程中, 你是否容易受"打折促销"活动的诱惑? 你是否有因冲动消费而买后悔东西的时候？怎样才能避免这些情况的发生？

避免盲目随大流，从众消费要理性。

避免情绪化购物，保持冷静，选择适合自己及家庭需要的商品。

避免只重物质消费忽视精神的消费倾向，形成合理的消费结构、适度消费。既反对超前消费、铺张浪费，也不提倡抑制消费。

3. 保护环境，绿色消费

资料：据统计，我国每年一次性发泡塑料餐具的使用量超过 100 亿只。这种餐具具有三大危害：一是用它装食品危害人体健康，二是在制作过程中产生的有害气体危及臭氧层，三是它不易分解，会造成严重的环境污染。

【消费小调查】你的消费行为环保吗？

(1)你经常使用一次性餐具吗？是_____，否_____，其他_____。

(2)你购物时使用一次性塑料袋吗？是_____，否_____，其他_____。

(3)你家的水会重复使用吗？是_____，否_____，其他_____。

(4)你出门时随手关灯和饮水机电源吗？是_____，否_____，其他_____。

(5)你家使用无氟制品吗？是_____，否_____，其他_____。

(6)你家还使用含磷洗衣粉吗？是_____，否_____，其他_____。

(7)你赞成教科书重复使用吗？是_____，否_____，其他_____。

(8)你购物注意绿色食品标志吗？是_____，否_____，其他_____。

(9)你外出就餐时剩菜剩饭会打包吗？是_____，否_____，其他_____。

(10)你和家人出行时经常开车吗？是_____，否_____，其他_____。

4. 勤俭节约，艰苦奋斗

2013 年 1 月 22 日召开的十八届中央纪委二次全会上，习近平总书记告诫各级领导干部："要坚持勤俭办一切事业，坚决反对讲排场比阔气，坚决抵制享乐主义和奢靡之风。要大力弘扬中华民族勤俭节约的优秀传统，大力宣传节约光荣、浪费可耻的思想观念，努力使厉行节约、反对浪费在全社会蔚然成风。"

观看《光盘行动公益广告》视频，光盘行动从我做起。

小编寄语　为了生存和生活，人们必须消费，消费是一个社会人必须经历的一种社会过程。中职生由于社会阅历少，易受社会影响，在消费理念和观念上存在一些问题和误区。中职生思想开放，追求时尚，同时也存在虚荣、攀比等问题。根据课前做的消费调查统计，有不少的同学消费是不科学、不合理的。因此，有必要引导他们认识哪些消费是科学的，从而用科学的消费观指导日常生活消费。

四、活动总结

_____

_____

_____

_____

活动四　学会理财

一、活动目标

(1)能够深入领会理财的内涵。

(2)提高合理消费的水平,树立理财的意识,初步培养学生的理财能力。

(3)掌握最合适的理财方法。

二、活动导航

场景:老李买彩票中奖 50 万元。

老李的家庭背景:老李,普通工人;妻子,下岗在家;儿子,高中毕业后在一酒店当保安;女儿,在读大学。家中积蓄很少,老李和妻子由于长年劳累身体不佳。

全家在讨论该如何处理这笔巨款。

老李:这钱该怎么办?

妻子:还是存银行吧,省心。

儿子:炒股票好,赚钱多,你看邻居小张一天赚了好几万呢。

老李:还是把大部分钱存入银行吧,但也不能让儿子太失望,给他五万元钱炒股吧。

假如你中了 50 万元奖金,你打算怎么办?

_____

_____

_____

三、活动体验

看一看

观看视频:《下金蛋的鹅》

从前,乡下有一对老夫妇,家里很穷,唯一的经济来源就是靠那几只母鸡生蛋,再拿到集市上去卖。可卖鸡蛋的收入毕竟有限,不够他开销,他整天围着那几只鸡转来转去,冥思苦想,妄想有一天能发笔横财。一天,他无意发现自家的鹅窝中有一只金灿灿的蛋,一只会下金蛋的鹅。于是他把蛋带到市场上卖了个好价钱。从此以后,农夫的鹅,每天都下一个金蛋,他每天都拿到集市上去卖,不久便成了富翁。可是财富使他变得更贪婪更急躁,每天一个金蛋已经无法满足他了。他异想天开地把鹅宰掉,企图将鹅肚子的金蛋全部取出来。谁知打开一看,鹅肚里并没有金蛋,鹅却死了,再也生不出金蛋了

议一议

如果老夫当时不杀掉鹅,故事会有不同的结局吗? 这个故事说明了什么?

_____

_____

算一算

一生需要赚多少钱?

房子:50 万元(连买房带装修)唉! 接近郊区了。

车子:30 万元(普通汽车 10 万元,10 年换一次,开 30 年车),每年的保险、汽油、停车费、高速费、保养、维修怎么也要 1 万元呀!

孩子:30 万元(培养孩子到大学毕业的平均费用,不包括出国留学),养孩子 20 年,学费、生活费平均每年最低也要花 1.5 万元呀!

父母:43.2 万元(假设 30 年里,四位老人每人每月 300 元,略表寸心而已),唉! 300 元,就是都用来吃饭,每天也只有 10 元呀。

家用:108 万元(假设 10 年里,三口之家每月开销 3000 元),很省了! 这里可没有任何旅游休闲呀!

养老:36 万元(退休后的 15 年里,每月与老伴开销 2000 元)期望值不能再高了!

合计:至少需要 297.2 万元。

得出结论:同学们,假如你一个月工资 4000 元,不考虑物价变化的影响,要多少年才能做到? 为什么要理财了,就是为了过更好的生活:房子、汽车、美食……

学一学

陈先生是一个月收入只有 4000 元不到的普通工薪族,经过六年的打拼,当别的同学还在继续着租房子打车的生活,他却已经实现了自己的买房买车梦。昨天,家住江北区的陈先生谈起自己的理财经,颇为自豪地说,工薪族只要坚持打好理财持久战,小钱也一定能够变成大钱。

陈先生 2002 年毕业后进入一家民营建筑公司工作,当时的平均月收入在 3000 元左右,随着工龄的增加,现在已经有了近 4000 元的收入。

"我的工资不算高,在重庆这个地方花钱更是厉害,所以,我上班以后便定下了一个计划,那就是争取五年内买车买房。"陈先生说,为了实现这个计划,他执行了严格的生活、理财计划——

生活方面:不在外面租房子居住,与多位同事一起住公司提供的员工宿舍,节约出一笔房租费和水电燃气费。尽量在公司食堂吃饭,平均每天的饭钱不超过 15 元。每个月的电话费不超过 100 元。

理财方面:第一年,把每个月的闲钱拿到银行零存整取;第二年,把存款拿去买一年期固定收益理财产品;从第三年开始,把积蓄分成三份,一份用于炒股,一份用于买国债,一份用于买理财产品。

陈先生说,他一方面省吃俭用,一方面坚持长期理财。去年,在江北区按揭了一套住房,今年年初又买了一辆6万元的代步车,最后还剩下1万余元作为当年应急存款。

理财并不难,不在乎多少,假设每月省下100元买基金,从20岁存到60岁,是154204.78元(假设基金年化收益率为5%,复利计算);30岁存到60岁,是83844.15元;40岁起存到60岁,是41293.75元;50岁到60岁,是15561.5元。钱生钱是长跑冠军,理财一定要从年轻时开始。钱的秉性:你不理财,财不理你。

1. 理财的种类

(1)我们的钱在哪?

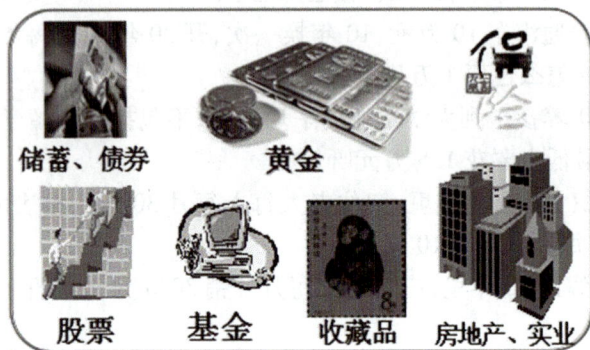

储蓄、债券　　黄金

股票　　基金　　收藏品　　房地产、实业

(2)分析理财品种及差异对比。

类别	功能	风险/收益	税收	适宜人群
储蓄	结算+保值	低/低	利息应税	低风险投资者
保险	风险保障+长期稳定投资回报	低/较低	免税	所有投资者
债券	一定期限的债权投资	视债券发行人信用水平而定	国债免税,企业债应税	一般来说,适宜低风险投资者
股票	股权投资	高/高	免税	一定风险承受能力的投资者
基金	分散化证券投资	相对适中	免税	满足多种风险偏好的投资者

(3)准备好四份钱。

第一份:零用钱是应付日常开支的,最常见的是银行活期储蓄,可以随时支取。

第二份:应急的钱,是应付目标开支的。如三年后小孩读书,一年后买车,最常见的是银行定期存款,可以到期支取;6个月至1年的生活费;存银行活期、定期,或者货币市场基金。

第三份:保命的钱,是应付生命中必须支付的成本,如大病、养老等,是不到万不得已绝对不能取的。把钱这样储备,三至五年生活费,定存、国债、商业养老保险,应该是保本不赔。

第四份:闲钱,五年到十年不用的钱,只有这种钱才可以买股票,买基金,投资房地产,或者跟朋友合伙一起开个什么生意,去做这种投资,那么必须是闲钱。

2. 储蓄的种类

（1）定期存款。

第一种，整存整取定期储蓄。50元起存，存期分三个月、半年、一年、二年、三年和五年，本金一次存入。存期内可一次性或部分提前支取。用户可在开户日约定自动转存，存款到期可按原定存期连本带息自动转存。存单到期，可在营业网点通存通兑。

第二种，零存整取定期储蓄。5元起存，存期分一年、三年和五年，按固定金额每月存入一次。中途如有漏存，应在次月补存，未补存者，到期支取时按照实际存入的金额和期限计息。

第三种，存本取息定期储蓄。5000元起存，存期为一年、三年和五年，一次存入本金，定期支取利息，到期归还本金。在约定存期内如需提前支取，利息按取款日银行挂牌公告的活期存款利息计算，存期内已支取的利息要一次性从本金中扣回。

（2）活期类储蓄（包括活期、定活两便、通知存款等）。

第一种，活期储蓄。1元起存，不限定存期，开户后可以随时存取。活期储蓄可在全国联网网点通存通兑。

第二种，定活两便储蓄。50元起存，不确定存期，记名可挂失。存期不足三个月，按支取日挂牌的活期利息计算；存期满三个月以上（含三个月），按一年期内的整存整取同档利率打6折计息（注：存期在一年及以上，都按一年期利率的6折计息）。

第三种，个人通知存款。存款人可自由选择存款品种（一天或七天通知存款），金融机构按支取日挂牌公告的相应利率水平和实际存期计息，利随本清。

3. 股票

股票是股份公司为筹资金而发行给股东作为持股凭证并借以取得股息和红利的一种有价证券，可以转让，买卖，但不能要求公司退还其出资。股票主要以交易为主，买进卖出获取差价，交易所收取佣金（手续费）。股市有风险，投资需谨慎。

练一练

理财体验：合理使用压岁钱

在春节期间，假如你收到了1000元的压岁钱，你如何安排这笔钱？如果你收到的2000元压岁钱存入银行，你准备选择哪种储蓄方式？

_____

_____

_____

小编寄语　随着社会经济的发展和个人收入的增加，人们支配手中余钱的方式也在增加。加上生活中各种开支如购房、意外医疗、养老、育儿等都需要钱，我们得学会理财和投资。保证要用钱时不缺钱，关键在于做好科学合理的理财规划。俗话说得好，你不理财，财不理你。理财是一门与其他科学文化知识一样重要的科学。

四、活动总结

_____

_____

_____

_____

模块三 学习拓展

一、自我实现

（1）做一期"拒绝网瘾，绿色上网"的宣传海报。

（2）把科学的消费观念传递给你的家人、朋友。

（3）组织全班同学开展一次"绿色消费"活动。

二、力行评价

《自我认识 定位角色》单元学习力行评价表

序号	主题	分值	力 行 内 容	力行评价		
				好	一般	差
1	时间管理	20	遵守学校的作息时间			
2	习惯管理	20	改变坏习惯的情况			
3	情绪管理	20	控制情绪情况			
4	拒绝网瘾	20	做到了上课不玩手机、一天最多上网两小时			
5	科学消费	20	消费的时候，做到了理性消费，体会父母赚钱不容易			
合　　计		100	力行评价得分			
总　　评			总计得分			
			等　　级			

注：按分值标准，在"力行评价"的相应栏打单项分，最后计算出总计得分，评出等级：优80～100分；良70～79分；合格60～69分；不合格60分以下。

三、学习心得

要求：写一篇本单元学习后的心得体会（学习收获、存在问题、解决办法），字数不少于200字。

_____

_____

_____

_____

四、智言慧语

（1）暴躁是一种虚怯的表现。——（法国）大仲马

（2）对消极的情绪有一个明确的了解，就可以消除它。——弗农·霍华德

（3）能控制好自己情绪的人，比拿下了一座城池的将军更伟大。——拿破仑

（4）真正的管理人是去管理人的情绪。——顾修权

（5）节俭朴素，人之美德；奢侈华丽，人之大恶。——薛瑄

（6）只花一元的顾客比花一百元的顾客，对生意的兴隆更具有根本的影响力。——松下幸之助

(7)正直的人厉行节约,注意细水长流,不会大手大脚、胡支滥花,他绝不会沦落到打肿脸充胖子或借债度日的地步。——(英国)塞缪尔·斯迈尔斯

(8)简单淳朴的生活,无论在身体上还是在精神上,对每个人都是有益的。——爱因斯坦

(9)蓄积者,天下之大命也。——贾谊

(10)善理财者,不加赋而国用足。——王安石

(11)善治财者,养其所自来,而收其所有余,故用之不竭,而上下交足也。——司马光

(12)一个人除了赚钱满足自己的成就感之外,就是为了让自己生活得更好一点,如果只顾赚钱,并赔上自己的健康,那是很不值得的。——李嘉诚

(13)投资不仅仅是一种行为,更是一种带有哲学意味的东西。

(14)谨慎比大胆要有力量得多。—— 雨果

(15)投资计划的规则,将加强良好的自我控制。

第十二单元

爱国情怀　时代精神

模块一　经典文化

一、经典原文

道德经

或损或益

道生一,一生二,二生三,三生万物。万物负阴而抱阳,冲气以为和。人之所恶,唯孤、寡、不穀(gǔ),而王公以为称。故物或损之而益,或益之而损。人之所教,我亦教之。强梁者不得其死,吾将以为教父。(第42章)

以正治国

以正治国,以奇用兵,以无事取天下。吾何以知其然哉?以此:天下多忌讳,而民弥贫;人多利器,国家滋昏;人多伎巧,奇物滋起;法令滋彰,盗贼多有。故圣人云:"我无为,而民自化;我好静,而民自正;我无事,而民自富;我无欲,而民自朴。"(第57章)

治国烹鲜

治大国,若烹小鲜。以道莅(lì)天下,其鬼不神;非其鬼不神,其神不伤人;非其神不伤人,圣人亦不伤人。夫两不相伤,故德交归焉。(第60章)

常善救人

善行,无辙(zhé)迹;善言,无瑕谪(zhé);善数(shǔ),不用筹策;善闭,无关楗(jiàn)而不可开;善结,无绳约而不可解。是以圣人常善救人,故无弃人;常善救物,故无弃物。是谓神明。故善人者,不善人之师;不善人者,善人之资。不贵其师,不爱其资,虽智大迷。是谓要妙。(第27章)

为学日益

为(wéi,下同)学日益,为道日损。损之又损,以至于无为。无为而无不为。取天下常以无事,及其有事,不足以取天下。(第48章)

二、经典解读

或损或益

【字解】

一:这是老子用以代替道这一概念的数字表示,即道是绝对无偶的。

二:指阴气、阳气。"道"的本身包含着对立的两方面。阴阳二气所含育的统一体即是"道"。因此,对立着的双方都包含在"一"中。

三:即是由两个对立的方面相互矛盾冲突所产生的第三者,进而生成万物。

负阴而抱阳:背阴而向阳。

冲气以为和:冲,冲突、交融。此句意为阴阳二气互相冲突交和而成为均匀和谐状态,从而形成新的统一体。

孤、寡、不穀:这些都是古时候君主用以自称的谦词。

教父:父,有的学者解释为"始",有的解释为"本",有的解释为"规矩"。有根本和指导思想的意思。

214

道是独一无二的,道本身包含阴阳二气,阴阳二气相交而形成一种适匀的状态,万物在这种状态中产生。万物背阴而向阳,并且在阴阳二气的互相激荡而成新的和谐体。人们最厌恶的就是"孤""寡""不穀",但王公却用这些字来称呼自己。所以一切事物,如果减损它却反而得到增加;如果增加它却反而得到减损。别人这样教导我,我也这样去教导别人。强暴的人死无其所。我把这句话当作施教的宗旨。(第42章)

以正治国

【字解】

正:此处指无为、清静之道。

奇:奇巧、诡秘。

取天下:治理天下。

以此:此,指下面一段文字。以此即以下面这段话为根据。

忌讳:禁忌、避讳。

人:一作"民",一作"朝"。

利器:锐利的武器。

人多伎巧:伎巧,指技巧,智巧。此句意为人们的伎巧很多。

奇物:邪事、奇事。

我无为,而民自化:自化,自我化育。我无为而人民就自然顺化了。

【译文】

以无为、清静之道去治理国家,以奇巧、诡秘的办法去用兵,以不扰害人民而治理天下。我怎么知道是这种情形呢? 根据就在于此:天下的禁忌越多,而老百姓就越陷于贫穷;人民的锐利武器越多,国家就越陷于混乱;人们的技巧越多,邪风怪事就越闹得厉害;法令越是森严,盗贼就越是不断地增加。所以有道的圣人说:"我无为,人民就自我化育;我好静,人民就自然富足;我无欲,而人民就自然淳朴。"(第57章)

治国烹鲜

【字解】

小鲜:小鱼。

莅:临。

其鬼不神:鬼不起作用。

非:不唯、不仅。

两不相伤:鬼神和圣人不侵越人。

故德交归焉:让人民享受德的恩泽。

【译文】

治理大国,好像煎烹小鱼。用"道"治理天下,鬼神起不了作用,不仅鬼不起作用,而是鬼怪的作用伤不了人。不但鬼的作用伤害不了人,圣人有道也不会伤害人。这样,鬼神和有道的圣人都不伤害人,所以,就可以让人民享受到德的恩泽。(第60章)

常善救人

【字解】

辙迹:轨迹,行车时车轮留下的痕迹。

善言:指善于采用不言之教。

瑕谪:过失、缺点、疵病。

数:计算。

筹策:古时人们用作计算的器具。

关楗:栓梢。古代家户里的门有关,即栓;有楗,即梢,是木制的。

绳约:绳索。约,指用绳捆物。

神明:内藏智慧聪明。袭,覆盖之意。

资:取资、借鉴的意思

要妙:精要玄妙,深远奥秘。

【译文】

善于行走的,不会留下辙迹;善于言谈的,不会发生病疵;善于计数的,用不着竹码子;善于关闭的,不用栓梢而使人不能打开;善于捆缚的,不用绳索而使人不能解开。因此,圣人经常挽救人,所以没有被遗弃的人;经常善于物尽其用,所以没有被废弃的物品。这就叫做内藏着的聪明智慧。所以,善人可以做为恶人们的老师,不善人可以作为善人的借鉴。不尊重自己的老师,不爱惜他的借鉴作用,虽然自以为聪明,其实是大大的糊涂。这就是精深微妙的道理。(第27章)

为学日益

【字解】

为学日益:为学,是反映探求外物的知识。此处的"学"当指政教礼乐。日益:指增加人的知见智巧。

为道日损:为道,是通过冥想或体验的途径,领悟事物未分化状态的"道"。此处的"道",指自然之道,无为之道。损,指情欲文饰日渐泯损。

无为而无不为:不妄为,就没有什么事情做不成。

取:治、摄化之意。

无事:即无扰攘之事。

有事:繁苛政举在骚扰民生。

【译文】

求学的人,其情欲文饰一天比一天增加;求道的人,其情欲文饰则一天比一天减少。减少又减少,到最后以至于"无为"的境地。如果能够做到无为,即不妄为,任何事情都可以有所作为。治理国家的人,要经常以不骚扰人民为治国之本,如果经常以繁苛之政扰害民众,那就不配治理国家了。(第48章)

三、经典启迪

本章老子阐述了为学只能增长知识,添加私欲,因此就会虚伪百出,忧烦众生。而求道则损知去欲,内心清静虚怀若谷,外在的自然也就无为无事了。不是不学,而是要向自然学习。作为一个国家的公民,我们要勿忘国耻,牢记历史,在生活中要懂得"得道多助、失道寡助"的意义,那就是如果站在正义、仁义方面,就会得到多数人的支持和帮助;如果违背道义、仁义,必陷于孤立。

四、案例链接

案例1：南京大屠杀档案（节选视频）

1937年12月13日，侵华日军在南京开始对我同胞实施长达四十多天惨绝人寰的大屠杀，制造了震惊中外的南京大屠杀惨案，三十多万人惨遭杀戮。这是人类文明史上灭绝人性的法西斯暴行。

案例2：诗歌《假使我们不去打仗》

> 假如我们不去打仗
> 敌人用刺刀
> 杀死了我们，
> 还要用手指着我们骨头说：
> "看，
> 这就是奴隶！"

全诗短小精悍，却揭示了如果不去同日本侵略者战斗，敌人不仅要消灭我们的肉体，而且还要从精神上侮辱我们这一深刻道理，从而全面激发人民抗战的热情。假如我们不去打仗，那我们有可能沉默地活着，没有尊严；假如我们不去打仗，那我们有可能落魄地死去，没有意义。在中国这样一个泱泱大国，如果我们在被侵略时，没有人为国家出力，不为了国家的独立和民族的尊严去流血，去牺牲，那么，我们的国家将不复存在，我们的民族将会从世界上消失。试问，面对生和死的选择，我们必须要有尊严地生存。所以，我们拿起了锄头，举起了步枪，开始了反抗。正是中国人民有社会各界、各族人民、各民主党派、抗日团体、社会各阶层爱国人士和海外侨胞广泛参加的全民族抗战，进行了14年反抗日本帝国主义侵略的伟大战争，才取得了一百多年来中国人民反对外敌入侵第一次取得完全胜利的民族解放战争。

案例3：为中华之崛起而读书

1911年，13岁的周恩来在沈阳东关模范学校上学。这一天，魏校长亲自为学生上修身课，题目是"立命"。当时正是中国社会发出剧烈变动的时期。孙中山领导的辛亥革命刚刚推翻了清朝政府，结束了中国两千年的封建统治。很多人，特别是年轻人思想困惑，没有明确的理想追求，没有人生奋斗的目标。校长讲"立命"，就是给学生讲怎样立志。魏校长讲到精彩处突然停顿下来，向学生提出一个问题："请问为什么读书？"教室里静静的，没有一个学生回答。

"如果没有人回答，我就一个个问了！"魏校长走下讲台，指着前排一同学说："你为什么而读书？"这个学生站起来挺着胸脯说："为光耀门楣而读书！"魏校长又向第二个学生，回答是："为了明礼而读书。"第三个被问的学生是一个靴铺掌柜的儿子，他很认真地回答说："我是为我爸而读书的。"同学们听了哄堂大笑。校长对这些回答都不满意，摇了摇头又到周恩来面前，问道："你是为什么而读书？"周恩来非常郑重地回答道："为中华之崛起而读书！""为中华之崛起而读书！"回答得多好啊！一句话，表达了周恩来从小立志振兴中华的伟大志向。魏校长没有想到，竟然有这样出众的学生，非常高兴。他示意让周恩来坐下，然后对大家说："有志者，当效周生啊！"

同学们，读了这个故事后，作为新一代的年轻人你有何感想？

_____

_____

_____

_____

小编寄语　国难当头，家国仇恨，"天下兴亡，匹夫有责"。在战争年代，我们的先烈们抛头颅、洒热血，为共和国的胜利英勇善战，不怕牺牲。在和平年代，我们是不会忘记他们的，要学习时代楷模和榜样，尽自己最大的努力，用实际行动去捍卫今天的和平与幸福生活。

人文素养

模块二　学习活动

活动一　勿忘国耻

一、活动目标

（1）回顾历史，牢记中华民族曾经遭受过的深重灾难，激发同学们的爱国热情。

（2）领会"落后就要挨打"的历史教训，"以史为鉴，勿忘国耻"。

二、活动导航

观看"圆明园"视频资料

被誉为"万园之园"的圆明园原为清代举世无双的皇家御苑。从 1709 年康熙初年开始营建，至 1809 年基本建成，历时一个世纪。此后的嘉庆、道光、同治三代屡有修缮扩建，历时 150 多年。圆明园，是由圆明、长春、绮春（后改名"万春"）三园组成，总面积达 347 公顷，建筑面积达 20 万平方米，一百五十多景。它的陆上建筑面积比故宫还多 1 万平方米，外围周长约 10 千米。水域面积等于一个颐和园。圆明园也是一座珍宝馆，里面藏有名人字画、秘府典籍、钟鼎宝器、金银珠宝等稀世文物，集中了古代文化的精华。圆明园也是一座异木奇花之园，名贵花木多达数百万株。

观看《火烧圆明园》片段。现在的圆明园成这样子了，谁干的呢？

1861 年,雨果愤怒地写道:"有一天,两个强盗闯入夏宫(圆明园),一个动手抢劫,一个把它付诸一炬。胜利者窃走了夏宫的全部财富。收藏在这个东方博物馆里的,不仅有杰出的艺术品,而且还保存有琳琅满目的金银制品。即使把我国圣母院所有的全部宝物加在一起,也不能同这个规模宏大而富丽堂皇的东方博物馆媲美。有一个胜利者把一个个口袋都塞得满满的,至于那另外一个,也如法炮制,装满了箱箧。他们手拉手荣归欧洲。将受到历史制裁的两个强盗,他们一个叫法兰西,另一个叫英吉利。"

同学们,忘记历史就意味着背叛。只有当一个民族真正站起来的时候,才能正视和反思她曾经遭受的屈辱……勿忘国耻!

三、活动体验

忆一忆

中国近代史外敌入侵中国的事件:

(1)鸦片战争。1840 年,英国政府为了打开中国市场,以虎门销烟为借口,用坚船利炮打开了中国的大门。中英签订第一个丧权辱国的不平等条约《南京条约》。中国沦为了半殖民地半封建社会。

(2)第二次鸦片战争。1856 年,英法联军借清政府拒绝修改中英《南京条约》为借口,发动了第二次鸦片战争,腐败的清政府与俄、美、英、法签订了《天津条约》,与俄签订了《瑷珲条约》和《北京条约》。英法联军一路烧杀抢掠,烧毁圆明园,分别签订了《北京条约》。

(3)中法战争。是 1883—1885 年,由于法国侵略越南进而侵略中国而引起的一次战争。在战争中,中国几次取得了胜利,但由于清朝统治者的懦弱、妥协,胜利的成果被葬送,使得中国不败而败,法国不胜而胜。签订《中法新约》,致使中国西南的门户被打开。

(4)中日甲午战争。1894 年,日本为了推行"大陆政策",发动了侵略中国和朝鲜的战争,这场战争以中国战败、北洋水师全军覆没告终。1895 年 4 月 17 日,中日签订了丧权辱国的不平等条约——《马关条约》。

(5)八国联军发动侵华战争。1900 年,英、法、德、美、日、俄、意、奥等国派遣的联合远征军即八国联军,为镇压义和团运动而入侵中国所引发的战争。他们在北京城内大肆烧杀掳掠,犯下滔天罪行。无能的清政府被迫签订了《辛丑条约》,承担庞大的赔款,并丧失多项主权。

(6)日本侵华战争。1931 年,日本帝国主义发动"九·一八事变",侵占我国东北三省。1937 年,日本帝国主义发动七七事变,抗日战争全面爆发,直至 1945 年 8 月 15 日,日本宣布无条件投降,9 月 2 日正式签订投降协议,持续十四年的抗日战争才正式结束。

外敌入侵我国,属于强盗行为,强迫中国签订一系列不平等条约,中国割让土地、赔款给侵略者,开放通商口岸,给人民带来了深重的苦难,中国沦为半殖民地半封建社会。

说一说

分组讨论,旧中国挨了谁的打? 曾经的中国是如何挨打的?

_____

_____

(1)为什么旧中国会挨打?

_____

_____

_____

_____

(2)中国怎样才能不挨打?

_____

_____

_____

_____

记一记

1. 南京大屠杀死难者国家公祭日

2014 年 2 月 27 日,中华人民共和国第十二届全国人大常委会第七次会议全票通过决定:将 12 月 13 日确定为南京大屠杀死难者国家公祭日。每年 12 月 13 日国家举行公祭活动,悼念南京大屠杀死难者和所有在日本帝国主义侵华战争期间惨遭日本侵略者杀戮的死难者。

2. 中国人民抗日战争胜利纪念日

观看《纪念抗战胜利 70 周年阅兵式》视频

2014 年 2 月 27 日,十二届全国人大常委会第七次会议经表决通过,将 9 月 3 日确立为中国人民抗日战争胜利纪念日。

抗日战争从 1931 年 9 月 18 日开始,1945 年 9 月结束。中国沦陷区有 26 省 1500 余个县市,面积 600 余万平方千米,人民受战争损害者至少在 2 亿人以上。我军伤亡 400 多万人,人民伤亡 900 多万人,其他因逃避战火,流离颠沛,冻饿疾病而死伤者逾 200 万人。直接财产损失 313 亿美元,间接财产损失 204 亿美元,此数尚不包括东北、台湾、海外华侨所受损失及 41.6 亿美元的军费损失和 1000 多万军民伤亡损害。此外,七七事变以前中国的损失未予计算,中共敌后抗日所受损失也不在内。经过中国历史学家多年研究考证、计算得出,在抗日战争中,中国军民伤亡共 3500 多万人,中国损失财产及战争消耗达 5600 余亿美元。

南京大屠杀死难者国家公祭仪式

第十二单元 爱国情怀 时代精神

歌曲欣赏:《中华人民共和国国歌》

小编寄语 历史上的无数事实表明,一个贫穷落后、弱小的国家和民族,只能处于被压迫、被剥削、被凌辱、被掠夺的地位。中国近代史的历史再次证明:国家贫穷、落后、软弱就要挨打。落后就要挨打,落后就要受欺负。曾经的国耻是我们每个中华儿女心中永远的痛。现在我们回顾历史,想到我们的祖辈曾经受的苦难,还隐隐作痛。作为中华儿女,我们应牢记历史,勿忘国耻。因为国衰我耻,国兴我荣。我们应以史为鉴,勿忘国耻,爱我中华,奋发图强。

四、活动总结

_____

_____

_____

_____

活动二　牢记使命

一、活动目标

(1)通过活动,了解中国人民反抗侵略者的历史英雄人物。

(2)发扬中国人民反抗侵略者的民族精神。

(3)通过活动,牢记自己建设祖国的历史使命。

二、活动导航

配乐诗朗诵:《我的祖国》

我的祖国, 高山巍峨, 雄伟的山峰俯瞰历史的风狂雨落,

暮色苍茫, 任凭风云掠过。坚实的脊背顶住了亿万年的沧桑从容不迫。

我的祖国, 大河奔腾, 浩荡的洪流冲过历史翻卷的漩涡,

激流勇进, 洗刷百年污浊, 惊涛骇浪拍击峡谷涌起过多少命运的颠簸。

我的祖国,地大物博, 风光秀美孕育了瑰丽的传统文化,

大漠收残阳, 明月醉荷花, 广袤大地上多少璀璨的文明还在熠熠闪烁。

我的祖国, 人民勤劳,五十六个民族相濡以沫,

东方神韵的精彩,人文风貌的风流,千古流传着多少美丽动人的传说。

这就是我的祖国, 这就是我深深爱恋的祖国。

我爱你源远流长灿烂的历史,

我爱你每一寸土地上的花朵,

人文素养

我爱你风光旖旎壮丽的河山，

我爱你人民的性格坚韧执着。

我的祖国，我深深爱恋的祖国。

你是昂首高亢的雄鸡——唤醒拂晓的沉默，

你是冲天腾飞的巨龙——叱咤时代的风云，

你是威风凛凛的雄狮——舞动神州的雄风，

你是人类智慧的起源——点燃文明的星火。

你有一个神圣的名字，那就是中国！

那就是中国啊，我的祖国。我深深爱恋的祖国。

我深深地爱着我的祖国，搏动的心脏跳动着五千年的脉搏，

我深深地爱着我的祖国，涌动的血液奔腾着长江黄河的浪波，

我深深地爱着我的祖国，黄色的皮肤印着祖先留下的颜色，

我深深地爱着我的祖国，黑色的眼睛流露着谦逊的笑窝，

我深深地爱着我的祖国，坚强的性格挺拔起泰山的气魄，

我深深地爱着我的祖国，辽阔的海疆装满了我所有的寄托。

我的祖国，可爱的中国，你创造了辉煌的历史，你养育了伟大的民族。

我自豪你的悠久，数千年的狂风吹不折你挺拔的脊背，

我自豪你的坚强，抵住内忧外患闯过岁月蹉跎。

我自豪你的光明，中华民族把自己的命运牢牢掌握，

我自豪你的精神，改革勇往直前开放气势磅礴。

可爱的祖国啊，无论我走到哪里，我都挽住你力量的臂膊，

无论我身居何方，你都温暖着我的心窝。

可爱的祖国啊，你把住新世纪的航舵，你用速度，你用实力，创造震惊世界的奇迹。

你用勤劳，你用智慧，进行了又一次更加辉煌的开拓！

祖国啊，祖国，你永远充满希望，祖国啊，祖国，你永远朝气蓬勃！

> **小编寄语** 同学们，祖国的繁荣来之不易。我们要珍惜和牢记自己的使命。

三、活动体验

看一看

观看视频：《虎门销烟》《新中国从这里走来—平山纪实—少年英雄王二小》片段

中华民族是一个具有强大凝聚力和自强不息精神的伟大民族。

中国近代史是一部充满屈辱和灾难的历史，面对侵略与灾难，中华民族不怕牺牲，中华儿女奋起反抗侵略者；中国近代史是一部抗战史，民族之魂在血雨腥风中重塑，勿忘先烈。

(1)说一说中国人民反抗侵略的著名人物。

_____

_____

(2)说一说中国人民反抗日本侵略的故事、历史事件。

_____

_____

_____

议一议

中国人民面对外族入侵表现出了怎样的民族精神?

_____

_____

_____

_____

人文素养

唱一唱

歌曲欣赏:《万里长城永不倒》

写一写

"少年智则国智,少年强则国强,少年独立则国独立,少年自由则国自由,少年进步则国进步,少年胜于欧洲则国胜于欧洲,少年雄于地球则国雄于地球。"

——梁启超

青年是充满朝气的朝阳,拥有无限生机;青年是巍巍高山上的青草,拥有强大生命力;青年是威震四方的雄狮,拥有无穷力量。无论在历史的哪个阶段,都离不开青年,因为青年是推动历史发展,开创新纪元的先驱。"自古英雄出少年(青年)",青年是国家的生力军。青年的素质程度及知识储备直接影响着国家的未来。

作为和平年代的中职生,我们的历史使命是什么? 我们该怎么做?

_____

_____

_____

_____

小编寄语 　正是爱国先烈们在战场上浴血奋战,抛头颅,洒热血才换来了我们今天的幸福生活。我们不能忘记他们,应该珍惜今天的幸福生活。我们的祖国正处于发展中,建设中,伟大复兴中,我们要付出努力和艰辛去学好知识和技能,去支撑共和国的大厦。牢记我们青年人肩上的担子和使命。维护祖国的安定团结,把祖国建设得更加强大。

四、活动总结

_____

_____

_____

_____

活动三　学习楷模

一、活动目标

(1)通过对楷模的学习,让我们学会换一个视角反思自己的行为,寻找自身差距。

(2)教育引导学生从我做起,从小事做起,从一言一行做起,践行公共道德,弘扬社会正气。

二、活动导航

任长霞,1983年加入公安队伍,从事预审工作13年,协助破获了大案要案1072起,追捕犯罪嫌疑人950人。1998年被任命为郑州市公安局技侦支队支队长后,她多次深入虎穴,先后打掉了7个涉黑团伙,抓获犯罪嫌疑人370多名,被誉为"女神警"。2001年,她调任登封市公安局局长,解决了十多年来的控申积案,共查结控申案件230多起。她带领全局民警共破获各种刑事案件2870多起,抓获犯罪嫌疑人3200余人。2004年4月14日晚8时40分,在侦破"1·30"案件中,途经郑少高速公路时,任长霞遭遇车祸,因伤势过重,不幸因公殉职,年仅40岁。2004年6月,任长霞被公安部追授为全国公安系统一级英雄模范称号。

任长霞同志的事迹感人至深。她在人民警察的光荣岗位上,始终牢记党的全心全意为人民服务的宗旨,自觉实践"三个代表"重要思想,以自己执法为民的模范行为和无私奉献的崇高品德,树立了党员干部的良好形象,赢得了人民群众的衷心爱戴。全国广大公安干警要向任长霞同志学习,忠实履行党和人民赋予的神圣职责,执法为民,服务群众,清正廉洁,惩恶扬善,为维护改革发展稳定的大局做出自己应有的贡献。

40岁正是人生最壮美的季节,然而,任长霞却猝然倒在了为之奋斗不息的公安事业上,你如何看待任长霞这种精神?

三、活动体验

时代楷模,是一个充满阳光的称谓,是与"最美"连在一起的赞誉。时代楷模都拥有高

第十二单元　爱国情怀　时代精神

尚的品格,这样的品格体现了助人为乐、奉献心安的价值观。在他们的人生价值坐标上,利他是一种情怀,关心他人比关心自己更重要。

党的十八大以来,以习近平总书记为核心的党中央高度重视思想道德建设,做出系列重要讲话和重大部署,并采取有力措施加以推动。各地区、各部门认真贯彻党中央要求,以建设社会主义核心价值体系为根本,大力弘扬民族精神和时代精神,深入推进社会主义荣辱观宣传教育,广泛开展道德模范评选表彰和学雷锋活动,深化拓展群众性精神文明创建和志愿服务,公民道德素质和社会文明程度不断提升,涌现出像张丽莉、吴斌、高铁成等一批又一批先进典型和道德模范,彰显了当代中国人民的良好精神风貌。

向时代楷模学习,就要学习他们热爱祖国、热爱人民的思想境界。"以热爱祖国为荣""以服务人民为荣",是社会主义荣辱观的核心内容,是每一个公民应当秉持的基本价值取向和行为准则。张丽莉、吴斌、高铁成等英雄人物,面对危险挺身而出、奋勇担当,义无反顾地做出自己无悔的选择,展现的是对祖国的深深挚爱、对人民的大义情怀。爱莫高于爱祖国、爱人民,以国家和人民利益为重,以自己的付出和牺牲促进社会进步、增进人民幸福。我们向时代楷模学习,就要像他们那样,满怀对祖国对人民的无限热爱之情,自觉把个人价值追求与党和人民的事业紧紧联系在一起,把个人的奋斗融入国家富强、民族振兴的历史进程,为实现全面建设小康社会的宏伟目标、创造人民幸福生活贡献智慧和力量。

读一读

张丽莉:任教于佳木斯市第十九中学的一名普通教师。2012年5月8日20时38分,在佳木斯市胜利路北侧第四中学门前,一辆客车在等待师生上车时,因驾驶员误碰操纵杆致使车辆失控撞向学生,危急之下,本可以躲开逃生的张丽莉却奋不顾身地将学生推向一旁,自己却不幸被碾到车下,造成双腿截肢,骨盆粉碎性骨折,以至生命垂危,另有4名学生受伤。张丽莉用柔弱的身躯谱写了一曲英勇奉献的大爱之歌。

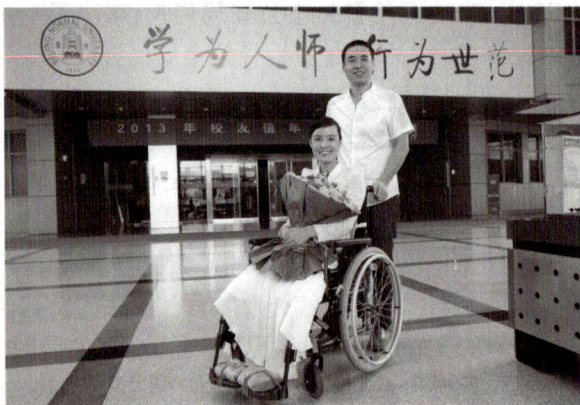

吴斌:2012年5月29日中午,杭州长运客运二公司员工吴斌驾驶客车从无锡返杭途中,在沪宜高速被一个来历不明的金属片砸碎前风窗玻璃后刺入腹部至肝脏破裂。面对肝脏破裂及肋骨多处骨折,肺、肠挫伤,危急关头,吴斌强忍剧痛,换挡刹车将车缓缓停好,拉上手刹、开启警告灯,以一名职业驾驶员的高度敬业精神,完成一系列完整的安全停车措施,确

保了24名旅客安然无恙,并提醒车内24名乘客安全疏散和报警。6月1日凌晨3点45分,吴斌因伤势过重抢救无效去世,年仅48岁。2012年6月2日晚,杭州市精神文明建设委员会发布公告,授予吴斌同志杭州市道德模范荣誉称号。

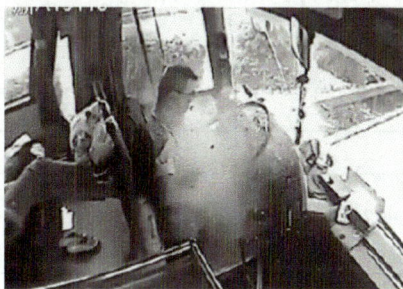

高铁成:2012年5月18日18时30分,哈尔滨市南岗区春申街4号的一家餐馆后厨发生煤气泄漏爆燃事故。在事发现场,回家探亲的北京市卫戍区某部战士高铁成正在这里吃饭,混乱中,24岁的军人高铁成,不顾危险,不是夺路而逃,而是快速向厨房跑去,关闭泄漏阀门,防止了更大悲剧的发生。高铁成先后3次返回火灾现场,在已经受伤的情况下,与工作人员共同关闭阀门,避免了危险的再度发生。最终,他因烧伤及煤气中毒,被送往哈尔滨市第五医院急救。当有人问他:"你为什么不能像普通顾客一样跑出去逃生呢,即使那样也没有人知道你是军人啊。"高铁成斩钉截铁地回答:"我不能这样做,我是一名军人,不能辜负了部队的厚爱和栽培,这件事我觉得自己只是做了该做的事,我不后悔,如果再碰到类似情况,我还会做出同样的选择。"高铁成被称为"最美警卫战士"。

讲一讲

课前收集,并讲一讲我们身边的楷模故事。

_____

_____

_____

_____

想一想

青少年学生是祖国的未来和民族的希望,你们身上有哪些优秀的民族精神?

_____

_____

_____

_____

做一做

(1)在校园里,如果碰到身体有缺陷的同学,你会如何帮助他们?

_____

_____

_____

_____

(2)当国家需要大家的时候,你会挺身而出吗?

_____

_____

_____

_____

_____

唱一唱

歌曲欣赏:《学习雷锋好榜样》

小编寄语 模范的事迹告诉我们,无论在什么岗位上,都要有刻苦钻研的精神和争创一流的干劲。我们要严格要求自己,不要因为是一名学生,就原谅自己的无知和懒惰;不要因为一时的小小挫折就放弃成功的梦想。既然选择了学习,就要无怨无悔地走下去,即使风雨兼程,也要风雨无阻!让我们一起努力学习,高呼青春的宣言:积极进取、学有所成、服务社会,争做一名新时代合格的中职生。

四、活动总结

_____

_____

_____

_____

活动四 创业创新

一、活动目标

(1)培养创新思维,提升学生创新的强烈愿望和能力,训练全方位、多角度、创造性地解决实际问题。

(2)培养创业意识和具有企业家精神的品质和能力。

二、活动导航

观看视频:《马云创业故事》

想一想

马云为什么要辞掉大学教师的工作而选择创业?马云在创业路上遇到了哪些困难?他是怎样面对的?

_____

_____

_____

_____

三、活动体验

大众创业,万众创新。李克强总理多次谈及创业创新。2015年,李克强总理在政府工作报告中指出,要把"大众创业、万众创新"打造成推动中国经济继续前行的"双引擎"之一。

2015年1月,李克强总理来到深圳柴火创客空间,体验各位年轻"创客"的创意产品。总理现场评价说:"创客充分展示了大众创业、万众创新的活力。这种活力和创造,将会成为中国经济未来增长的不熄引擎。"世界经济论坛创始人施瓦布表示,未来中国经济将继续保持7%以上的增速,改革创新将成为驱动中国经济发展的力量,要使创新真正发挥驱动力,应重视培育企业家精神,扶持中型企业。

创业其实首先就是创新。我们要有一个真正创新的点。这个创新的点,并不是你随便想出来的一个小窍门或是比较有意思的想法,不是这么简单的。当你有了创新点后,需要考虑的就是如何把你的能力或企业的能力与创新相结合。

想一想

分小组讨论:中职学生应该培养创业意识吗?为什么?

_____

_____

_____

_____

读一读

创业的成功案例

案例1:首富比尔·盖茨的创业之路

职务:微软(Microsoft)董事长兼首席执行官

身价:900亿美元,2017年7月17日,《福布斯》发布"全球富豪排行榜",比尔·盖茨第18次夺魁。

成功理念:真正的财富不是个人计算机,而是运行这些计算机的软件。

比尔·盖茨与保罗·艾伦于1975年创立微软之后,到20世纪90年代中期几乎垄断了个人计算机操作系统市场。截至2015年,微软公司收入达935.8亿美元,在全球雇员总数超过了11.8万人,微软在市场上的一统天下使比尔·盖茨成了世界首富。2000年,比尔·盖茨成立了全球最富有的慈善基金——价值280亿美元的"比尔及梅林达·盖茨基金会"。该基金会每年至少向发展中国家捐献资产的5%,用于抗击艾滋病、疟疾与其他疾病。

案例2:90后"创客"陈博群

与大多数在校大学生相比,陈博群的生活是独特并高调的。作为安徽师范大学2013级空乘专业的一名学生,他的梦想不是飞向蓝天,而是在互联网市场中闯出属于自己的一片天地。大学期间,陈博群为自己的创业时刻准备着,活跃在学生社团组织里,利用了学校提供的种种创业资源,还结识了另外两个志同道合的同学相约一起创业。有心人,天不负。在担任校学工处助理期间,陈博群从就业指导中心的老师那里得知学校将和区政府合作共建一个大学生创业孵化基地——创意设计园。由他和同班同学共同创立的博旺林网络技术责任有限公司就作为第一批企业入驻芜湖创业园,而由他一手策划的校园商务平台也随即全面推出。

小编寄语 目前中国大学生初次创业的成功率仅2.4%,而陈博群正是成功者中的一员。百折不挠,有志者事竟成。陈博群的故事再一次论证了这个道理。面对生活的考验他从不气馁,凭着对梦想的坚持一往无前,他的成功是不可复制的,但他的努力和坚守值得所有人学习。

比一比

自我剖析:自己与成功人士相比存在哪些差距?

_____

_____

歌曲欣赏:《超越梦想》《我的未来不是梦》《从头再来》

说一说

听完歌曲,同学们有什么启发和感慨?

_____

_____

_____

_____

小编寄语 智慧在民间。寻常人中,同样蕴藏着无穷的创造力。当千千万万个市场细胞活跃起来,必将汇聚成发展的巨大动能。如果要想成功,你想比别人更领先或者让别人无法追上你,你就必须要创新。

四、活动总结

_____

_____

_____

_____

模块三　学习拓展

一、自我实现

（1）做一个热爱祖国、热爱学校的中职学生，小组成员相互监督。

（2）认清自我，找自身与身边成功人士的差距，不断完善自己。

（3）每周坚持帮助一位同学，无论学习、生活，还是其他方面的困难都可以，然后写写收获和体会。

（4）给自己拟一份30岁之前的创业计划。

二、力行评价

《爱国情怀　时代精神》单元学习力行评价表

项　　目	评价标准	组长评定成绩
勿忘国耻	任何时候都做到热爱祖国	
	多了解历史	
牢记使命	为中华之崛起而努力奋斗	
	随时做好为国奉献的准备	
学习楷模	乐于助人、勤献爱心	
	战胜一切困难，勇往直前	
创业创新	敢于创新、敢于挑战	
	积极为创业做准备	

三、学习心得

要求：写一篇本单元学习后的心得体会（学习收获、存在问题、解决办法），不少于200字。

_____

_____

_____

_____

四、智言慧语

（1）爱国主义就是千百年来巩固起来的对自己祖国的一种深厚的感情。——列宁

（2）为中华之崛起而读书。——周恩来

（3）我是中国人民的儿子，我深情地爱着我的祖国和人民。——邓小平

（4）人民不仅有权爱国，而且爱国是个义务，是一种光荣。——徐特立

（5）天下兴亡，匹夫有责。——顾炎武

（6）常思奋不顾身，而殉国家之急。

（7）我们为祖国服务，也不能都采用同一方式，每个人应该按照资禀，各尽所能。——歌德

(8)祖国,我永远忠于你,为你献身,用我的琴声永远为你歌唱和战斗。——肖邦

(9)现代最有独创性的作家,原来并非因为他们创造出了什么新东西,而仅仅是因为他能够说出一些过去还从来没有人说过的东西。——歌德

(10)榜样的力量是无穷的。——科·达勒维耶

(11)人不率,则不从;身不先,则不信。

(12)用道德的示范来造就一个人,显然比用法律来约束他更有价值。

(13)任何时候做任何事,订最好的计划,尽最大的努力,作最坏的准备。

(14)这个世界并不在乎你的自尊,只在乎你做出来的成绩,然后再去强调你的感受。——比尔·盖茨

(15)生活是公平的,哪怕吃了很多苦,只要你坚持下去,一定会有收获,即使最后失败了,你也获得了别人不具备的经历。

参 考 文 献

［1］王松.熟读《弟子规》 争做好员工［M］.北京:中国言实出版社,2011.

［2］黄显声.道德经的智慧［M］.北京:新世界出版社,2016.

［3］中共中央宣传部.习近平总书记系列重要讲话读本［M］.北京:人民出版社,2016.

［4］亚里士多德.政治学［M］.北京:商务印书馆,1965.

人
文
素
养